HENRI-FRÉDÉRIC AMIEL

DU MÊME AUTEUR

Mon Étoile.

Théatre de famille.

Jours de pluie.

Trois nouvelles.

Après la gloire.

Le Portrait de famille.

GENÈVE, IMPRIMERIE CHARLES SCHUCHARDT

HENRI-FRÉDÉRIC AMIEL

ÉTUDE BIOGRAPHIQUE

PAR

BERTHE VADIER

PARIS
LIBRAIRIE FISCHBACHER
SOCIÉTÉ ANONYME
33, RUE DE SEINE, 33
1886

Tous droits réservés.

A MADAME LAURE STRŒHLIN

Née AMIEL

En janvier 1870, l'auteur de cette notice venait de passer quelques années à Vienne; elle en rapportait un cahier de poésies écrites pendant les loisirs de ce séjour, et que ses amis d'Autriche avaient trouvées excellentes. Quoiqu'on n'en appelle pas volontiers du jugement de ceux qui nous louent et qu'on ne doute guère de leur goût ni de leur esprit, elle pensa que des étrangers, si familiers qu'ils fussent avec notre langue, n'étaient peut-être pas des arbitres infaillibles en matière de vers français, et avant de risquer la publication des siens, désira les soumettre à l'appréciation de quelque critique plus compétent et moins prévenu. M. Petit-Senn était le doyen des poètes genevois, elle s'adressa à lui; mais malade et bien près de sa fin, il ne lisait plus rien et il conseilla à l'écolière en rimes de recourir au professeur Amiel. C'est ce qu'elle fit; elle envoya son manuscrit avec une lettre, et dès le lendemain elle recevait une gracieuse épître commençant ainsi :

> Au tort que l'on partage aisément l'on pardonne,
> Je vais, je crois, répondre en vers.
> Mademoiselle, à ce travers,
> Tenté par vous, je m'abandonne :
> Une corde en repos près d'une autre résonne ;
> A minuit, quand on sort du théâtre, on fredonne,
> Et je sors à l'instant de vos jeunes concerts.

Suivait une critique très judicieuse des poésies envoyées, avec quelques éloges et un conseil à l'auteur de travailler beaucoup et sérieusement, avant d'affronter l'aventure de la publicité.

Une entrevue eut lieu bientôt après. Peu d'hommes savaient être aussi aimables que M. Amiel quand il le voulait, et il le voulait toujours; celle qui écrit ces lignes fut complètement sous le charme de la grâce de ses manières, du mélange d'enjouement et de sérieux de sa conversation et de cette courtoisie qui n'était que la forme visible d'une parfaite bonté.

Il offrit des livres et des conseils; les uns et les autres furent acceptés avec gratitude : ce fut une occasion de se revoir.

L'éminent professeur n'était déjà plus jeune; celle qui s'était adressée à lui l'était encore et le paraissait davantage. Cette différence d'âge fit que la relation qui s'établit entre eux fut tout naturellement celle d'un maître et d'une élève, d'un oncle et d'une nièce. M. Amiel engagea son écolière à prendre un pseudonyme pour publier ses essais; il lui en choisit un, et depuis ce jour il l'appela filleule et elle le nomma parrain.

Cette liaison, de bienveillance d'un côté, de reconnaissance de l'autre, devint de plus en plus étroite. Le voisinage aidant, on se vit tous les jours. Le professeur prit l'habitude de passer ses après-midi chez son élève et la mère de celle-ci; il finit par devenir le pensionnaire de ces dames; ce fut chez elles qu'il passa les deux dernières années de sa vie; ce furent elles qui lui fermèrent les yeux.

A ses souvenirs personnels, l'auteur de cette esquisse a ajouté de nombreux renseignements recueillis auprès des amis d'enfance et de jeunesse du poète penseur, et c'est, encouragée par eux et pour obéir à un vœu de celui qui n'est plus, qu'elle s'est décidée à prendre la plume.

Puisse, en attendant la biographie étendue et complète que préparent sans doute les dépositaires des papiers de Frédéric Amiel, cet humble travail donner quelque idée d'un homme peu connu pendant sa vie, et que la tombe a tout à coup rendu célèbre, comme pour donner une confirmation sérieuse à ce mot piquant d'un spirituel poète :

Tu n'as qu'un seul moyen d'avoir raison, sois mort.

HENRI-FRÉDÉRIC AMIEL

I

A notre époque surtout scientifique où l'on pose toujours la question d'origine, où l'on cherche dans les racines de la plante la raison d'être du fruit ou de la fleur, ce qu'on demandera tout d'abord, c'est quelle était la famille de Henri-Frédéric Amiel.

Sans remonter plus haut, nous trouvons au XVIIme siècle les Amiel établis à Castres (en Languedoc) et faisant le commerce de la bonneterie. Ils suivaient la religion réformée.

La révocation de l'édit de Nantes les chasse de leur patrie; ils se réfugient en Suisse, s'établissent d'abord à Neuchâtel, puis dans le pays de Vaud et enfin à Genève dont Samuel Amiel, grand-père de celui qui nous occupe, obtient la bourgeoisie en 1790.

Quand on avait le goût du travail, il fallait avoir bien du malheur pour ne pas arriver au moins à l'aisance dans la Genève d'alors, où la vie n'était guère coûteuse, où la plus grande simplicité régnait dans les habitudes, où l'on n'était jamais entraîné à la prodigalité pour *faire comme les autres,* puisque les autres, y compris les très riches, donnaient l'exemple de la plus stricte économie. Toutes ces familles de commerçants ressemblaient à des clans de fourmis, travaillant sans relâche pour emplir leurs greniers ; mais c'étaient des fourmis compatissantes, toujours prêtes à venir en aide aux malheureux, même à ceux qui l'étaient par leur faute, même aux cigales qui avaient trop chanté. Si l'épargne était un des luxes de Genève, la charité en était un autre et non le moins grand. Quant à la grâce, à l'élégance de la vie, on n'y donnait rien ; on n'avait pas le temps, on n'y tenait pas, et peut-être même cela eût-il paru à ces austères protestants comme une sorte de retour aux corruptions de la Renaissance. Mais plutôt on n'y songeait point, absorbé qu'on était par la besogne quotidienne. Ce labeur persévérant, sans relâche et sans trêve, allait enrichir toute cette bourgeoisie et permettre aux fils de ces marchands de cultiver à loisir les sciences, les lettres, les arts, et d'être à leur choix des peintres, des savants, des philosophes ou des poètes.

Samuel Amiel était un homme de tête, énergique et laborieux, qui devint octogénaire et conserva jusqu'à la fin de sa vie toute son activité. Il avait fondé une maison d'horlogerie, tandis que sa femme, une dauphinoise [1] qui ne le lui cédait guère en courage et en savoir-faire, ouvrait de son côté un magasin d'épicerie et de droguerie. Les deux maisons marchèrent à souhait; la seconde finit même par avoir une telle importance que Samuel en prit la direction et y associa ses fils aînés Henri et Frédéric, tandis que Jacques, le troisième, continuait seul le commerce des montres.

Le digne couple avait commencé presque avec rien; en 1821, à la mort de Samuel, les héritiers se trouvèrent à la tête d'une centaine de mille francs amassés en moins de trente années.

Les fils continuèrent les deux maisons.

Henri, l'aîné, de beaucoup le plus capable, avec autant d'activité que son père, portait plus loin le génie du commerce. Il avait le coup d'œil sûr, la

---

[1] Marie Foriel, fille d'un marchand de drap de Romans.

décision prompte, et l'hésitation lui était inconnue.
Sévèrement économe, mais bon et serviable, il savait être généreux à l'occasion. Cordial et sincère, un peu de violence était la rançon de ses qualités ; mais s'il était prompt à l'emportement il l'était aussi au repentir ; il savait reconnaître ses torts, s'accuser, demander pardon, en sorte que ses colères ne gâtaient pas grand'chose et qu'on ne l'en aimait peut-être que davantage.

De santé parfaite et d'humeur joviale, si l'on était triste ou malade autour de lui, il s'en étonnait, s'en affligeait, disait, suivant le cas, de bonnes paroles ou faisait venir le médecin, mais il entendait que par reconnaissance on fût guéri à l'heure même, et s'il n'en était pas ainsi, pour un peu il s'imaginait que les gens y mettaient de la méchanceté. Attendre lui était insupportable ; il voulait tout de suite. « C'était une nature napoléonienne, » disait son fils.

Chose singulière, cet homme emporté poussait l'amour du détail jusqu'à la minutie. Il inscrivait tout ce qui concernait son ménage, jusqu'à la dentelle d'un bonnet de baptême et à la bonne-main donnée à une nourrice. Il écrivait son journal, journal de faits, non de pensées ; il notait la figure matérielle des choses dont plus tard son fils noterait l'âme. Au fond c'était la même faculté à laquelle la différence de culture a donné des applications diverses.

La femme qu'il avait épousée, Caroline Brandt, fille d'un horloger neuchâtelois, mécanicien et inventeur, avait par sa mère, une Zimmermann, du sang bernois dans les veines. Nature intelligente et fine, cultivée, jolie, gracieuse et d'une douceur qui charmait, c'était bien la compagne qu'il fallait à l'impétueux Henri. En 1819, dans un voyage d'affaires à Neuchâtel, il n'avait fait que l'entrevoir et s'en était épris; la retrouvant l'année suivante orpheline et ruinée, il n'avait pas hésité à lui offrir son nom.

De cette union, aussi rapidement conclue qu'un mariage de comédie, il y eut six enfants [1]. L'aîné, un garçon, vint au monde le 27 septembre 1821 à dix heures du matin. Il fut baptisé le 13 octobre suivant. On le nomma Henri comme son père et Frédéric comme le plus âgé de ses oncles.

Frédéric Amiel, ou plutôt Fritz, comme on l'appela pour le distinguer de son oncle, était — les notes de son père nous l'apprennent — un gros bébé qui ne fit aucune façon pour se nourrir, qui eut ses dents de bonne heure, parla vite, marcha

---

[1] Trois moururent en bas âge, il en reste encore deux: Mesdames Fanny*** et Laure S***.

vite, et fut bien portant pendant les trois premières années de sa vie. Il eut le croup à quatre ans et fut, sur vingt-neuf enfants atteints à la fois de ce mal, le seul qui réchappa.

Le docteur Gosse (le philhellène) qui le soignait, le jugeant perdu essaya d'un vrai remède de Peaux-Rouges : il le fit envelopper de couvertures solidement maintenues et dirigea des jets de vapeur sur le petit corps. Les efforts de l'enfant pour échapper à ce supplice firent rompre les membranes qui l'étouffaient. Il fut sauvé.

Le professeur Amiel se rappelait parfaitement ce jour terrible, le 27 septembre 1825, précisément son jour de naissance, où l'on pouvait bien dire qu'il avait reçu la vie une seconde fois ; il se souvenait aussi que sa mère, tant qu'elle vécut, lui faisait ajouter à ses prières une prière pour le docteur Gosse.

Cette même année, il fut mis à l'école lancastérienne où il apprit à lire et à *écrire au sable*. Quand il eut six ans, on l'envoya chez un maître qui prétendait enseigner la calligraphie en quelques semaines au moyen d'une méthode de son invention. Cette méthode réussit peu avec le petit Fritz, et son père, toujours impatient, le fit entrer au collège avant qu'il sût écrire assez pour faire ses devoirs. Sa mère lui vint en aide dans le commencement, mais bientôt, comme il avait beaucoup d'application et de bonne volonté, il put s'en tirer tout seul.

Il était heureux auprès de cette bonne et charmante maman qui avait un faible pour son premier-né et l'enveloppait d'une tendresse caressante pour le dédommager des brusqueries de son père; mais il ne devait pas la conserver longtemps : cette aimable femme avait la poitrine atteinte; elle mourut en 1832, quand son fils avait à peine onze ans.

Le désespoir du mari fut violent, mais de courte durée, comme il arrive chez les êtres impétueux. D'ailleurs n'est pas inconsolable qui veut; la douleur demande à être cultivée, entretenue; il y faut du temps, c'est un luxe qui n'est pas à la portée de chacun. Pris dans l'engrenage des affaires on n'a guère le loisir de pleurer. Le veuf avait à continuer son négoce, à organiser son ménage. D'abord il essaya d'une gouvernante, mais cela ne put aller, et il mit ses deux petites filles, Fanny et Laure, en pension à Neuchâtel, chez une cousine de leur mère, ne gardant que Fritz à cause du collège. Le désir de revoir tous ses enfants autour de lui, de reconstituer son foyer le faisait songer à un second mariage, quand la mort l'emporta brusquement, le 29 octobre 1834, vingt-deux mois après sa femme.

La perte de ses parents n'assombrit point Fritz

outre mesure. Il fut vivement touché, mais se consola vite. Toute sa vie il eut la facilité de l'oubli. Cette grande mobilité d'impression, cette extrême élasticité d'esprit qui lui permettait de souffler sur les choses pénibles, don précieux qui compensait une sensibilité très vive, devait, on le comprend, sécher sans trop de peine les larmes d'un enfant si jeune. Mais toujours il conserva un souvenir tendre et religieux de sa mère. « Je crois, disait-il deux ans avant sa mort, que si mon père avait vécu, j'aurais eu beaucoup à souffrir de lui, mais Dieu aurait dû me laisser ma mère. Combien ma vie eût été différente! »

Frédéric Amiel fut nommé tuteur des enfants de son frère; c'était un digne et excellent homme, et les intérêts des orphelins ne pouvaient être en de meilleures mains; il avait eu une sorte de culte pour sa belle-sœur et ressentait une grande tendresse pour les trois enfants qu'elle avait laissés. Jusque-là célibataire, il épousa pour leur donner une mère, l'amie dévouée de Caroline Amiel, Mme veuve Custot, celle-là même à qui son frère avait déjà songé pour lui donner la place de la chère défunte. C'était une femme de sens et de cœur, vive, gaie et qui chérissait, à l'égal des siens, les enfants de sa pauvre amie. Elle avait de son premier mariage deux aimables petites filles qui étaient enchantées que leur ami Fritz fût devenu leur frère, et qui ne lui marchandaient pas les caresses. Il était seul à être gâté par elles, car diverses raisons avaient fait envoyer ses deux sœurs au pensionnat morave de Montmirail (canton de Neuchâtel).

De sa treizième à sa vingtième année il habita donc chez son oncle, très aimé de celui-ci, très heureux entre sa tante et ses cousines. Il trouvait encore un frère et une sœur dans les deux enfants de son oncle Jacques, natures aimantes s'il en fut ; d'autres cousines très intelligentes, les demoiselles Cavagnari[1], complétaient le cercle de famille que venait agrandir les jeunes amis des uns et des autres. Il ne manqua donc à l'orphelin ni l'intimité du foyer, ni les amitiés de son âge ; la légende d'une enfance malheureuse tombe tout de suite à l'examen des faits. Peu d'enfants, au contraire, même parmi ceux qui conservent leurs parents, sont aussi aimés, aussi entourés ; son malheur fut bien plutôt de n'avoir pas été un peu contrarié, de n'avoir guère connu la discipline ni la règle, d'avoir à peine su ce que c'est qu'obéir, bref d'avoir été son maître trop tôt. Élevé de la sorte, la condition exceptionnelle où il

---

[1] L'une d'elle, Aménaïde, fut pendant dix-sept ans la directrice de l'Arsakion (école supérieure d'Athènes).

se trouvait lui parut l'état normal, et il regarda la liberté absolue, sans contrôle, comme le premier des biens. Il fut fâcheux aussi qu'il ne se trouvât pas dans ses alentours une intelligence capable de le dominer. Ses excellents parents, tous gens de négoce, pouvaient bien aimer, mais non comprendre cet enfant déjà attiré par l'idée; il eût fallu à ce jeune Télémaque un Mentor exceptionnel: Minerve elle-même n'eût pas été trop sage. Ce qui rend si difficile l'éducation des enfants trop richement doués, des enfants de génie, c'est qu'il faudrait d'autres génies pour les élever.

Mais personne alors ne se doutait que le petit Fritz fût un enfant de génie; il continuait son collège, travaillant bien, obtenant par-ci par-là quelques prix, toutefois sans grand éclat. Il y avait dans sa *volée*, pour employer un joli mot genevois qui mériterait de devenir français, plusieurs élèves qui annonçaient autant et même plus que lui; mais il y en avait peu dont l'extérieur fût plus agréable. Il avait le teint délicat, les cheveux bouclés, de grands yeux bruns, caressants et doux à l'ordinaire, souvent pleins de pensée et quelquefois pétillants de malice. Mince et gracieux dans sa petite taille avec des mains fines et de petits pieds, vif dans ses mouvements, il était renommé pour son agilité et son adresse. Point bruyant, point tapageur, élève docile, gentil camarade, il était plus réservé que les autres, se donnant moins vite et moins complètement. Gai et sérieux tour à tour, un peu inégal comme les natures nerveuses, tantôt il recherchait ses petits compagnons, tantôt il s'en isolait; mais dans ses jours de sociabilité et de badinage il prenait toujours garde de ne pas compromettre son esprit, et ne disait jamais aucune de ces bonnes grosses absurdités qui font rire les écoliers de si grand cœur. Il avait horreur de tout ce qui est bas ou grossier, ou seulement vulgaire, et déjà recherché dans son langage il avait des expressions qui étonnaient parfois.

Un jour un élève de la campagne arriva au collège avec un gilet très voyant :

— Comme tu es *grandiose!* lui dit Fritz.

— C'est bien plutôt toi qui es un *grand diose!* répondit le campagnard prenant le mot pour une injure.

Un autre que Fritz aurait dit tout simplement : « Comme tu es beau! » et l'on ne se fut point fâché.

Cette petite aventure, qui après cinquante ans faisait rire le professeur, est typique. Toute sa vie et sous des formes très diverses, elle se renouvela. Que de fois dans sa conduite ou dans ses écrits, pour n'avoir pas employé le mot simple ou agi simplement, il fut incompris ou, ce qui est pire, mal compris!

Ce qu'il préférait beaucoup aux ébats de la cour du collège, c'était la lecture et la promenade. Lire un livre intéressant en face d'un beau paysage, au bruit du vent, au bruit des vagues, au chant des oiseaux, lui était une félicité. Bien souvent les promeneurs du dimanche et du jeudi rencontraient sur les bords du Rhône ou de l'Arve — aux endroits où un siècle auparavant J.-J. Rousseau allait oublier ses infortunes, où Töpffer a placé la scène de sa ravissante *Peur* — un enfant qui ressemblait à un de ces charmants petits lords peints par Lawrence et tellement absorbé dans sa lecture qu'il ne voyait rien ni personne. « Un rêvassier! disaient, en haussant les épaules, les robustes garçons qui allaient dénicher les oiseaux au petit bois de la Bâtie, ou pêcher à la Jonction, voyez s'il viendrait avec nous! »

Non vraiment, il n'y allait pas : les oiseaux, les poissons, les insectes lui étaient sacrés parce qu'ils vivaient et pouvaient souffrir; leur faire du mal lui eût paru une impiété; de très bonne heure et d'instinct il avait eu le respect de la vie même dans ses plus infimes manifestations : « Par là, disait-il, j'étais un hindou plus qu'un européen. »

Un jour, vers l'âge de quinze ans, se promenant

dans un bois où l'on chassait, il trouva un petit linot tombé sous le plomb et qui palpitait encore. Il le prit dans sa main; l'agonie de la pauvre petite victime l'impressionna tellement qu'il se promit de ne chasser jamais, et il se tint parole. Il y eut même du mérite, car il serait devenu aisément bon tireur et sa vanité de jeune homme aurait trouvé là une satisfaction. Il se rabattit sur les exercices de gymnastique et les tours d'adresse où il était prodigieux. Il fit un jour dans une partie de volant 1865 coups de suite, le millésime de l'année.

L'enfant sensible laissait donc les autres s'amuser à leur guise et demeurait plongé dans ses chères lectures. Remarquons en passant qu'il ne s'identifiait jamais à un personnage préféré comme font d'ordinaire les enfants; il restait toujours extérieur à ce qu'il lisait, mais il n'en était pas moins intéressé et amusé.

Le premier livre qui lui fit impression fut le *Robinson suisse*; Walter Scott vint ensuite et le plongea dans un ravissement inexprimable. Il dévora toute l'œuvre pendant les vacances de 1835. Plus tard, impatienté qu'il était par les longueurs, il ne pouvait guère relire ces chères histoires, mais il se souvenait toujours avec reconnaissance et bonheur de cet été de 1835 et du monde enchanté que lui avait ouvert le romancier écossais.

Walter Scott est si bien l'auteur de la quinzième année, cet âge charmant où l'on est si bon, si pur, si ennemi du mal, si enthousiaste du beau, où l'âme pareille à un séraphin s'élance au ciel sur les ailes d'or de l'imagination et les ailes bleues du sentiment et se sent capable de tous les dévouements, de tous les héroïsmes ! Ce n'est que parmi les créations de Walter Scott qu'on peut trouver alors des frères et des sœurs. Qui ne se souvient d'avoir été sous le charme de ces merveilleux récits ! Quelle jeune fille ne s'est éprise de ces Ivanhoë, de ces Kenneth, ces héros si braves et si doux, ces chevaliers sans peur et sans reproche ! Quel jeune homme n'a idolâtré ces Rowena, ces Rebecca, ces Édith, toutes ces fleurs de beauté, si tendres et si vertueuses, si anges et si femmes tout à la fois ! Si toutes les natures, et même les moins poétiques, sont prises par la magie de l'Homère écossais, on devine l'effet de ces enchantements sur l'âme délicate de Frédéric Amiel, et on se demande si ces charmantes héroïnes n'ont pas laissé dans cette âme une première esquisse, légère et vague, de l'idéal féminin qui toute sa vie hanta ses rêves et le rendit si dédaigneux pour la réalité ? Toujours est-il qu'à ce moment de ces lectures adorées — il le disait à une amie l'année d'avant sa mort — il prit en dégoût ses jeunes cousines parce qu'il les voyait boire et manger. Petites filles, il leur avait toléré ces vulgarités, mais rayonnantes des grâces de leurs seize ans, il aurait voulu les voir échapper à toutes les lois physiques et se nourrir uniquement de poésie et de parfums.

A ce moment aussi il devint avec les femmes, les belles femmes surtout, d'une timidité extrême et qui dura longtemps; la beauté l'attirait mais le troublait comme une puissance mystérieuse. Il devenait incapable de dire un mot à une jolie personne; au bal il ne dansait qu'avec les laides, les délaissées; un peu par bonté de cœur, beaucoup à cause de cette gênante timidité, et parce qu'avec ces pauvres disgraciées, la beauté n'étant pas en tiers dans la conversation, il retrouvait tout son esprit.

Dans les églises protestantes l'instruction religieuse se fait de quinze à seize ans pour les jeunes filles, de seize à dix-sept pour les jeunes gens. Frédéric Amiel commença la sienne en 1837; il était naturellement incliné à la piété, et il apporta à ses leçons une attention sérieuse. Frappé de certaines difficultés du catéchisme, il s'adressa à son pasteur pour les résoudre; mais celui-ci, peu accoutumé à ce que ses catéchumènes lui soumissent des objections, l'appela *esprit tortu*. Ce mot dur jeté en réponse à ses questions candides lui fit une peine profonde et toujours il se le rappela avec mélancolie. Si le pasteur eût été un de ces hommes qui unissent le génie à l'ardeur religieuse, quelle occasion de prendre cette jeune âme qui s'offrait d'elle-même, qui croyait et ne demandait qu'à croire encore davantage! C'était le moment d'y imprimer la foi en traits ineffaçables, et d'en faire un de ces chrétiens qui peuvent s'abreuver à toutes les sources sans être gagnés par aucune ivresse. Peut-être sentait-il que ç'avait été là un moment décisif, et le soupir qui lui échappait, en lui rappelant ce mot *esprit tortu*, était peut-être le regret de n'avoir pas été alors plus solidement attaché au christianisme. Non qu'il l'ait jamais abandonné; loin de là, il resta pieux toute sa vie et même longtemps orthodoxe; quand, à la suite de ses études philosophiques, il en vint à examiner ses croyances, ce fut avec respect, et s'il se défit de quelques-unes, il crut toujours à Dieu et à l'âme. Mais s'il avait reçu une empreinte plus forte au moment où il franchissait le seuil de la jeunesse, bien des doutes, bien des tourments d'esprit et de conscience lui auraient été épargnés, et plus tranquille, mieux établi dans sa foi, il eût été certainement plus heureux.

A mesure qu'il avançait dans les études, il montrait davantage tout ce qui était en lui. Il avait terminé brillamment son collège; au gymnase il avait remporté le prix unique (composition française); il était maintenant à l'Académie, suivant tous les cours et travaillant avec une ardeur extraordinaire. Tout l'attirait alors, tout l'intéressait presque au même degré ; ses facultés se faisaient parfaitement équilibre, c'était un riche clavier dont toutes les touches résonnaient avec une égale justesse. Si par moment on le croyait plus particulièrement doué pour la littérature, on s'apercevait aussitôt qu'il l'était tout aussi bien pour les sciences et pour toutes les sciences. Il l'aurait été également pour les arts : il avait l'œil juste, le sens de la ligne et de la couleur, l'oreille d'une délicatesse extrême, la voix charmante et un profond sentiment musical. Par malheur ces dispositions qui auraient pu devenir des talents et lui donner bien des jouissances, ne furent pas cultivées dans sa première jeunesse, et quand plus tard il le regretta, il n'avait plus guère le temps et n'eut pas le courage de s'en occuper.

Parmi les professeurs dont il suivait les leçons, celui qui lui fit le plus d'impression et eut sur lui une véritable influence fut M. Adolphe Pictet. Le cours d'esthétique de l'illustre maître [1] enthou-

---

[1] Adolphe Pictet, né en 1799, mort en 1877. Professeur d'esthétique et de linguistique à l'académie de Genève en 1838. Ses ouvrages sont : *Du beau dans la nature, l'art et*

siasma le jeune disciple et laissa des traces profondes dans son esprit. Même en ses dernières années il revenait souvent sur ce souvenir. Il conservait une tendre vénération pour celui qui avait été son introducteur dans le monde du beau.

En arrivant à l'Académie, la plupart des étudiants tenaient à devenir membres d'une société fondée à Zofingue en 1819.[1] et portant le nom de cette petite

---

la poésie (1856); *Les origines indo-européennes* (1859 et 1863).

[1] Nous trouvons dans les *Souvenirs* de M. Louis VULLIEMIN, l'historien, une page intéressante sur la fondation de cette société :

« Tout ne répondait pas à nos vœux dans cette patrie que nous aimions. Dans nos jeunes années nous avions vu le sol de la Suisse envahi par les Français, puis les alliés le fouler à leur tour en 1815. Dès lors bien des plaies étaient demeurées saignantes, bien des préjugés, bien des haines maintenaient les cantons désunis. Aucune relation n'existait entre les jeunes hommes des divers cantons. Nous — M. Vuillemin et ses amis intimes MM. Dapples, Curchod, Fabre, Pilet et Raymond — cherchions comment y remédier. Un jour qu'un jeune bernois, Stæhli, en séjour sur nos rivages, passait la soirée avec nous, la conversation se porta sur ce sujet, et la pensée se présenta à nous d'une réunion d'étudiants des académies suisses dans un lieu central. Le but serait de se voir, d'apprendre à se connaître, et libres des préjugés dans lesquels nous étions entretenus, de s'unir dans l'amour de la patrie commune:

ville d'Argovie. Elle avait pris pour devise : *Amitié, Science, Patrie*; son but était d'établir des rap-

Ce que les hommes engagés dans les liens de la politique pourraient difficilement, il appartenait aux jeunes générations de le tenter; à elles de s'entendre pour préparer à la confédération un meilleur avenir.

« De retour à Berne, Stæhli fit part de ses vues à ses concitoyens. Elles furent accueillies, et, l'année suivante (1819), sur une proposition de Berne, soixante Bernois et Zurichois se rencontrèrent dans la ville de Zofingue au milieu des chants, des propos sérieux et des entretiens de l'amitié. La voie ouverte, il ne restait que de savoir si elle le serait à tous les étudiants suisses. Stæhli, Bitzius, la plupart des Bernois le voulaient; Zurich après quelque opposition se rendit à leurs instances. C'est ainsi qu'a été fondée une société qui, prenant le nom de la ville dans laquelle ses membres se réunissent, a étendu ses bienfaisants rameaux du Rhône au Rhin, sur la plus grande partie du sol helvétique.

« Dès l'année suivante, cent vingt étudiants venus de Zurich, de Lucerne, de Berne et de Lausanne prirent part à la fête. L'on n'eut pas même la pensée de se demander ce que voulait la Société; à quoi bon chercher à préciser ce qui s'épanchait de tous les cœurs ? Tous voulaient une même chose : la Suisse une, et forte de l'amour de ses fils. La patrie était donc le but, l'étude et l'amitié les moyens. Salués par quelques-uns comme Burgondes et comme appartenant à la race germanique, les Vaudois déclinèrent un honneur auquel ils n'aspiraient pas : « C'était comme Suisses, non comme Burgondes qu'ils étaient venus; ils

ports affectueux entre tous les étudiants suisses, d'entretenir leur patriotisme et de développer leurs

tendaient la main à leurs frères, non comme fils d'une même race, mais d'une même patrie; à l'amour de la patrie suisse de montrer s'il était plus fort que la différence des langues et des races; l'existence de la Société comme celle de la Confédération était à ce prix. »

« Stæhli tint le même langage : « Nous nous représentions, dit-il, les mœurs des Vaudois celles de la France; après un long séjour au milieu d'eux, je déclare qu'ils sont moins français que nous ne sommes germanisés. A nous donc les premiers de renoncer à des relations qui divisent la Suisse. Nous ne sommes pas une succursale des *Burschenschaften* de l'Allemagne, nous sommes une association suisse et pas autre chose. Nous ne voulons pas plus d'affiliations allemandes que nos frères de Vaud n'en ont avec la France; si c'est la pensée des Zofingiens qu'ils le proclament hautement. »

« Un oui presque unanime répondit à la voix de Stæhli. Seuls quelques étudiants enrôlés dans les *Burschenschaften* et qui en portaient les insignes, n'accédèrent pas à cette résolution et quittèrent la salle en jetant à l'assemblée un geste de colère et de dédain. Dès ce moment on ne pouvait plus mettre en doute ce que voulaient les Zofingiens; ils l'avaient clairement exprimé. Blass de Zurich qui présidait l'assemblée, recommanda dans un discours éloquent à la jeune génération de se garder des erreurs du passé, de l'étroitesse de l'esprit cantonal et de l'imitation de l'étranger; de s'attacher à la droiture et à la simplicité qui avaient caractérisé la vieille Suisse, et de se montrer

facultés intellectuelles, en les astreignant à présenter à tour de rôle des travaux, soit scientifiques,

franche, cordiale, le cœur ouvert, comme il appartenait aux fils de la Confédération. Tous applaudirent et la Société se constitua. Tout étudiant des académies suisses était admis dès qu'il avait atteint dix-sept ans. A chaque section son administration propre, à un comité central l'administration générale. Leurs études achevées, les Zofingiens demeuraient membres de la société, mais sans droit de suffrage.

« Nous avons pris part à ces commencements de la société de Zofingue. Près d'un-demi siècle s'est écoulé depuis lors et nous sommes arrivés à l'âge où, la vie traversée, on croit la contempler affranchie des illusions qui bercèrent les jours de la jeunesse. Eh bien! nous n'avons pas cessé de ranger ces premiers jours de Zofingue au nombre des plus beaux de notre vie. On l'a dit et l'on a dit vrai : La Société de Zofingue a fait plus de bien que ne l'ont pensé ses fondateurs eux-mêmes et beaucoup plus qu'on ne le croit généralement. Tout chez nous est confédéré : les miliciens, les pasteurs, les naturalistes, les artistes, les historiens ont leur confédération dans la Confédération commune; nous avons donné à l'Europe l'exemple de ces alliances qui poursuivent dans un même esprit les buts divers vers lesquels tend la société et qui contribuent, chacune à leur manière, à resserrer notre lien fédéral; la plupart ont été reproduites à l'étranger ; mais la Suisse seule possède une Société de Zofingue. Bien plus, elle n'est possible que chez nous. Elle suppose nos existences cantonales, nos académies, l'union de la vie des études

soit littéraires qui devaient être lus et critiqués dans les réunions. Frédéric Amiel entra à Zofingue en décembre 1838 et y paya sa bienvenue par ces vers sur la chute d'un antique ormeau qui avait vu pendant plus de deux siècles les gloires et les malheurs de Genève :

avec celle du foyer domestique, l'apprentissage des luttes sociales fait sous les yeux de la famille, l'accord des mœurs et des institutions, le fait des contrastes et de leur rapprochement dans l'amour d'une commune patrie. Elle suppose une Suisse unie et non pas unitaire, trouvant un accord dans ses divergences mêmes, en un mot ce qui donne à la confédération le caractère qui lui est propre, ce qui fait sa gloire et sa force...

« ... On sait les accroissements que ne tarda pas à pren-
« dre la Société de Zofingue. Des sections se formèrent à
« Bâle, à Genève, à Soleure, et plus tard à Saint-Gall, à
« Neuchâtel... Quand le premier enthousiasme eut perdu
« de sa chaleur, le but positif ne parut plus assez positif et
« précis. Plusieurs cherchèrent à le déterminer, et à im-
« primer à la Société, chacun selon son penchant, un mou-
« vement plus littéraire ou plus politique, à la faire con-
« verger vers la religion, la science ou le plaisir. Quel-
« ques-uns pressèrent vivement la fusion de l'association
« avec celle des gymnastes. Toujours cependant, l'esprit
« élevé qui avait été celui des premières réunions l'emporta
« sur ces tendances particulières et garda les Zofingiens
« de s'égarer loin du but par lequel leur Société est ce
« qu'elle est. »

Il est tombé, l'arbre au vaste feuillage,
Il est tombé le vieux roi du coteau !
O mes amis ! qu'un regret, qu'un hommage,
Suive du moins, suive l'antique ormeau !
Pleurez, il vit nos gloires, nos misères,
Nos jours brillants et nos jours assombris ;
Pleurez, hélas ! il ombragea nos pères,
Et n'aura pas d'ombrage pour nos fils.

Il était là, quand dans une nuit sombre,
Frêle couvée, on nous allait saisir ;
Il entendit le ravisseur dans l'ombre
Rugir de joie en nous voyant dormir.
Mais Dieu veillait dans ces jours populaires
Et Dieu sauva les Genevois trahis...
Pleurez cet arbre, il ombragea nos pères,
Et n'aura pas d'ombrage pour nos fils.

Il était là, dans ces jours de tempête
Où notre étoile, en un noir tourbillon,
S'évanouit, alors que la conquête
D'un trait de sang raya notre vieux nom.
Il vit, hélas ! des choses bien amères,
Genève morte et ses drapeaux flétris...
Pleurez cet arbre, il ombragea nos pères,
Et n'aura pas d'ombrage pour nos fils.

Il fut témoin de la grande journée
Où dans nos murs revint la liberté.
Des chants d'amour, comme pour l'hyménée,
Retentissaient dans l'heureuse cité.

Bronzes tonnants, clochers aux voix austères,
Joignaient leur hymne à l'hymne du pays...
Pleurez cet arbre, il ombragea nos pères,
Et n'aura pas d'ombrage pour nos fils.

Il était là, dans ce jour séculaire,
Ce jour sacré que nul ne voit deux fois,
A l'heure sainte où Genève en prière
Portait au ciel sa plus pieuse voix.
Il les vit tous, ces beaux anniversaires,
Ces Jubilés aux fronts épanouis...
Pleurez cet arbre, il ombragea nos pères,
Et n'aura pas d'ombrage pour nos fils.

Pourtant, malgré tes ans et ton long âge,
Non, tu n'as point, vieil arbre, assez vécu!
Tu ne vis pas Octobre et son courage,
Ni l'étranger, dans sa fierté vaincu,
Ni ces enfants, au grondement des guerres
Par bataillons, se levant, réunis...
Pleurez cet arbre, il ombragea nos pères,
Et n'aura pas d'ombrage pour nos fils [1].

Il est bien difficile d'être original à dix-sept ans; cette pièce est évidemment imitée de Béranger, alors dans tout l'éclat de sa popularité, mais l'imitation est belle et les strophes ont de l'aile. D'ailleurs si la draperie est d'emprunt, le souffle patrio-

---

[1] *Grains de mil*, p. 27.

tique qui la fait flotter s'échappe bien véritablement de la poitrine du jeune poète.

Frédéric Amiel rencontra à Zofingue des jeunes gens de sympathique abord et d'esprit distingué; il était surtout attiré par ceux qui avaient un peu plus d'âge que lui; ainsi M. Ernest Naville, ainsi MM. Élie Lecoultre et Charles Heim dont M. Edmond Scherer cite les noms dans l'étude qu'il a consacrée à l'auteur du *Journal intime*.

Dans ses rapports avec ses condisciples l'étudiant restait ce qu'avait été le collégien, point froid mais réservé, bienveillant plutôt que cordial, attirant la confiance des autres, accordant peu la sienne; discret comme un oriental sur sa famille et ses relations; irréprochable dans sa tenue, dans ses manières; susceptible et ménageant avec soin les susceptibilités; ne souffrant pas d'être raillé et ne raillant jamais; se respectant lui-même et respectant les autres; en somme moins aimé peut-être qu'estimé.

Il avait toujours le goût des promenades solitaires et ne se joignait que rarement aux excursions que faisaient les étudiants dans les montagnes avoisinant Genève. Quand il en était il y apportait de l'entrain, de la gaieté, et y introduisait toujours la gymnastique de l'esprit. Déjà renommé pour l'abondance de ses idées, la force de sa dialectique, il avait une veine de subtilité byzantine qui le faisait redouter des esprits moins ingénieux.

Un jour dans une course sur les bords du lac, il posa à ses compagnons cette question : « Lequel doit l'emporter, des fers du cheval ou du mors ? » Et pendant trois heures il les força de discuter sur ce thème, les arrêtant par quelque objection subtile chaque fois qu'il les voyait près de conclure.

Cette escrime l'amusait, et, pour la rendre plus piquante, il soutenait volontiers la thèse opposée à son sentiment. En fin de compte, après ces passes d'armes, les autres s'apercevaient que leur intelligence avait travaillé, qu'ils avaient fait le tour des choses, vu toutes les faces d'un sujet, nombré toutes ses divisions et subdivisions, qu'ils étaient plus au clair avec leur propre pensée, mais que leur habile adversaire ne leur avait pas livré la sienne. Ils se rappelaient qu'enfants, dans les jeux, ils n'avaient jamais pu le saisir, tant son agilité était grande, tant sa souplesse était merveilleuse ; on croyait le tenir et il vous glissait des mains comme une onde ; il vous échappait comme une vapeur. Bien plus insaisissable encore était son esprit.

Dans sa maturité il disait de la discussion qu'il qu'il n'avait pas cessé d'aimer : « Elle m'instruit
« rarement sur les choses mais *toujours sur les*
« *gens;* elle me donne aussi conscience de moi-

« même et de ma force, car je sens à l'instant le
« défaut de la cuirasse, l'insuffisance de mon adver-
« saire. »

Il disait aussi s'être rarement senti dominé dans la sphère de la pensée, mais il avouait que dans la connaissance du monde, auprès du talent essentiellement créateur il se sentait embarrassé, inférieur, et il en concluait qu'il avait peu de talent et peu d'esprit dans le sens ordinaire du mot.

> L'imprudent dit ce qu'il veut faire,
> Le sage dit ce qu'il a fait,

a-t-il écrit; il était déjà bien sage à dix-huit ans, car il ne parlait jamais de ses projets d'avenir, ni de la carrière qu'il voulait embrasser. Il est vrai que la diversité de ses aptitudes jetait dans son esprit une grande indécision. Il pensa tour à tour à la théologie, à la médecine, aux sciences historiques, à la littérature. Le théâtre l'aurait attiré peut-être plus que tout le reste, mais il ne se sentait pas le talent dramatique.

Sa santé, qui déjà alors lui donnait des inquiétudes, arrêtait aussi l'essor de ses projets. Il avait la poitrine délicate, s'enrhumait facilement et ses rhumes étaient opiniâtres. Les veilles studieuses lui avaient fatigué les yeux; un moment il craignit de perdre la vue. Par bonheur il n'en fut rien ; soignés à temps les yeux se guérirent vite et furent excellents jusqu'à la fin. Mais toutes ces préoccupations, la nécessité de s'astreindre à un régime particulier, d'avoir mille précautions, l'obligèrent à se tenir un peu à l'écart de ses robustes condisciples capables de toutes les fatigues, et à rester de plus en plus au foyer de famille où l'on soignait à la fois son corps et son esprit. L'un n'en avait pas moins besoin que l'autre, car le jeune homme avait une tendance pessimiste ; très vite il voyait en noir et concluait d'un malaise passager à une jeunesse valétudinaire, à une vie perdue. Il est vrai que le plus léger symptôme de mieux-être lui rendait l'espérance et la joie ; mais aux heures sombres la tendresse de sa bonne tante et celle de ses cousines lui étaient bien précieuses.

Il était parfait dans ses relations de famille : plein de respect et d'égards pour les parents âgés, d'amitié enjouée pour les autres, il avait pour tous des attentions aimables et quasi féminines qu'ont rarement les jeunes gens même les meilleurs. Ils n'y pensent pas, lui toujours y pensait ; il n'oubliait aucune fête, aucun anniversaire, aucune date importante de la vie de ceux qu'il aimait ; à toutes ces occasions il offrait des vers et des fleurs, il excellait à donner aux événements de famille, mêmes les moindres, une sorte de solennité ¹.

Ses sœurs étaient toujours en pension, mais elles grandissaient et il entretenait avec elles une correspondance suivie. Il avait pris au sérieux son rôle d'aîné; il leur écrivait comme un jeune père à la fois très tendre et très sérieux, s'intéressant à tout ce qui les concernait, à leur santé, à leur esprit, à leurs progrès, mais surtout à leur cœur, à leur âme; il les conseillait, les encourageait, les reprenait avec une gravité tempérée d'enjouement : il les aurait voulues parfaites. Cette correspondance mériterait d'être publiée. Ces *Lettres d'un frère à ses sœurs*, formeraient un délicieux volume où les jeunes filles trouveraient sous une forme aimable d'excellentes leçons de morale, et d'autant plus utiles que venant d'un si jeune maître on les accepterait plus volontiers que de tout autre. La sagesse jeune a tant de charme!

S'il prenait peu de part au plaisir des étudiants, en revanche il suivait très assidûment les séances de Zofingue. Tour à tour secrétaire de la section, vice-président et rapporteur il remplit ces diverses fonctions avec beaucoup d'exactitude, de sérieux,

---

[1] Il fut toujours ainsi pour tous ses amis, comme pour ses parents. Il dépensait beaucoup de temps à tout cela, car il n'oubliait rien ni personne.

de conscience. Il excellait à encourager les débutants, et sa bienveillance à écouter les lectures, le plaisir qu'il avait à louer ce qui était bon, sa critique toujours motivée, jamais railleuse, cherchant les moyens de remédier aux défauts de l'œuvre donnaient aux plus timides le courage d'oser. Mais tous les Zofingiens ne lui ressemblaient point. Quelques-uns personnifiaient beaucoup trop l'esprit genevois — d'alors (car il s'est adouci depuis) — esprit mordant, sarcastique, à l'emporte-pièce, se souciant peu de faire de la peine pourvu qu'il se montrât, et croyant se montrer d'autant mieux qu'il faisait des blessures plus profondes. Parmi ces jeunes gens, un surtout, plus tard avocat distingué, employait tout son talent, toute sa verve à railler les novices, à les ridiculiser, à les décourager de se produire. Il y réussit tellement qu'aux réunions personne n'osait plus rien lire ni rien dire, à l'exception de ceux dont le talent reconnu était au-dessus de la raillerie. Frédéric Amiel était vivement peiné d'un pareil état de choses, et, en 1841, dans le rapport annuel dont il avait été chargé, il attaqua très vigoureusement cette ironie qui faisait tant de mal. Nous ne résistons pas à citer quelques passages de ce discours vraiment remarquable pour un homme de vingt ans.

L'auteur examine l'esprit de la section sous les trois points de vue : *Amitié, Science, Patrie.*

Il demande d'abord « si l'abandon, la confiance
« ont régné dans les réunions ; si c'est sans hypo-
« crisie qu'on s'appelle frères ; si tous ces jeunes
« gens différents d'âge, d'aptitudes, de position se
« donnent tous la main autour de l'œuvre com-
« mune, s'aidant, s'éclairant, se levant comme la
« légion thébaine tous ensemble pour la vie et la
« mort. »

« Qu'est-ce, dit-il, que cette terreur que nous
« éprouvons pour la plupart à nous hasarder les
« uns devant les autres, à exprimer quelque senti-
« ment généreux, à nous laisser entraîner par no-
« tre cœur, si ce n'est le résultat du manque de
« sympathie, de cette manière sardonique de nous
« observer à distance, prêts à frapper la moindre
« gaucherie d'un trait piquant ou même cruel?...
« Qu'est-ce que cette difficulté insurmontable que
« nous avons d'obtenir des travaux de ceux qui ne
« sont pas encore sûrs de leurs forces? que cette
« appréhension du début qui a déjà saisi trop
« d'entre nous?... Qu'est-ce que ces blessures trop
« vives dont ont souffert plusieurs? ces amertumes
« qu'il leur a fallu digérer en secret? C'étaient des
« coups portés en riant mais qui n'en perçaient
« que mieux... Ces peines-là vont souvent plus pro-
« fond que des chagrins plus graves... Pourquoi
« faut-il que notre rire ait trop souvent coûté des

« pleurs ? Les grelots de la folie doivent-ils être
« armés de pointes comme un knout ? Serions-
« nous condamnés, comme l'auteur des *Iambes*, à
« déplorer la perte du bon vieux rire :

> Ce rire d'autrefois, ce rire des aïeux
> Qui jaillissait du cœur comme un flot de vin vieux ?

« Non, s'il doit se conserver quelque part, c'est
« dans la jeunesse, c'est dans l'amitié. Mort au
« sarcasme qui déchire un frère ! Que nos plumes
« de talent ramènent le bon rire, la joie franche,
« et se refusent toujours à se tremper dans l'ironie,
« cette liqueur de fiel qui ronge et flétrit les plus
« saintes choses, et qui, si elle persistait, tuerait
« bientôt aussi la Société de Zofingue, car l'ironie
« est la mort de l'enthousiasme et sans l'enthou-
« siasme l'amitié aussi bien que l'art, aussi bien
« que le patriotisme sont impossibles... »

Passant ensuite à la science, il se plaint de la frivolité de la plupart des sujets traités pendant l'année :

« Il est tellement vrai qu'en tout nous avons fui
« le sérieux que jusqu'au procès-verbal a affecté
« d'être agréable et qu'il a même renchéri quel-
« quefois sur la frivolité des auditeurs... Le besoin
« effréné de rire est un grand malheur. Il fait per-
« dre à une société le sentiment de sa propre va-

« leur; elle se vulgarise à ses propres yeux et arrive
« à douter de la gravité de sa tâche. Une société
« où l'on rit haut, que peut-elle avoir de commun
« avec l'idée de changer un pays? Et pour l'indi-
« vidu lui-même, prenez garde que cette tendance
« n'ait une influence plus funeste que vous ne le
« pensez sur l'intelligence. Pour moi, je crois
« qu'elle l'émousse et l'abâtardit. Si vous en dou-
« tez, nommez-moi de grands rieurs qui aient
« jamais fait de grandes choses. »

Il trouve que le patriotisme n'est pas moins en souffrance que la science et l'amitié :

« L'idée mère de la Société de Zofingue c'est
« l'idée de la patrie... C'est en son nom que la
« science et l'amitié zofingiennes sont pour nous
« des devoirs... Qui n'a des amis personnels? qui
« n'aime la science pour son compte? Mais recher-
« cher comme un devoir l'amitié de toute une sec-
« tion, de toute une société; mais cultiver la
« science en vue de l'utilité de ses camarades au-
« tant que de la sienne propre, voilà ce qui est
« plus difficile. Eh bien! c'est parce que c'est dif-
« ficile, c'est parce que c'est grand, que nos fonda-
« teurs ont cherché une grande idée pour appui,
« pour soutien, l'idée de la patrie. Amitié de tous
« les Zofingiens quelque divers que soient leurs
« caractères et leurs goûts, amour du vrai, du
« bien, du beau, culture et ennoblissement de

« notre être intérieur, intérêt aux choses de la
« Suisse, à son bonheur, à son amélioration, tout
« cela c'est notre tâche en même temps que notre
« idéal, et nous devons l'entreprendre et l'accom-
« plir en vue de la patrie... Eh bien, cette idée,
« qu'en avons-nous fait? Un être mort, le dieu des
« hégéliens, sorte de machine de théâtre qu'on ne
« fait apparaître que dans les grandes occasions
« pour faire bon effet... »

Il trouve que ce qui a produit tout le mal c'est l'abus de l'esprit :

« L'homme c'est son cœur, et malheur à l'esprit
« s'il tue le cœur!... La première et inévitable
« conséquence du règne de l'esprit c'est la crainte
« du ridicule; or la crainte du ridicule transpor-
« tez-là dans l'amitié, dans la science, dans le pa-
« triotisme et vous verrez les ravages qu'elle y
« portera... L'esprit est un grand mal quand il
« domine le reste, car son effet est de dissoudre
« et notre but est d'unir... Oh! le cœur, l'âme, la
« franchise, l'enthousiasme, la générosité, toutes
« ces choses divines qui sont étouffées par la crainte
« du ridicule, ne valent-elles donc rien? Oh! pou-
« voir se montrer tel qu'on est! exprimer ses sen-
« timents sans arrière-pensée! s'échauffer mu-
« tuellement à la flamme de l'enthousiasme! ne
« sentir autour de soi que des frères et non des
« censeurs!... »

Il termine en suppliant les moqueurs de tenir en bride cet esprit d'ironie qui a fait tant de mal, et il ajoute :

« S'ils résistaient rien ne serait encore perdu; la
« majorité est bonne, qu'elle soit courageuse. Que
« tous les membres zélés se liguent, qu'ils sachent
« aussi faire entendre leurs murmures... S'il res-
« tait de mauvais plaisants, qu'on les réduise à
« n'être qu'une coterie, comme ils ne sont déjà
« qu'une minorité. Que l'union prépare la vic-
« toire... »

La section accueillit ce rapport avec une faveur unanime; le chef des railleurs trouva plus facile de se retirer que de s'amender. A la fin de la séance, prétextant des occupations nombreuses, il donna sa démission qui fut acceptée sans grand regret.

En terminant la lecture de son rapport, Frédéric Amiel avait fait ses adieux à ses jeunes condisciples; ses études académiques étaient finies; il se disposait à voyager, car il pensait alors ce qu'il a dit plus tard :

> Il faut savoir partir et rompre, quand vient l'heure,
> Le doux enchantement du foyer, du berceau.
> S'il ne voulait quitter sa première demeure
> Et briser l'œuf natal que deviendrait l'oiseau [1] ?

[1] *Penseroso*, p. 96.

II

Nous avons dit quelle impression profonde il avait reçue des leçons d'esthétique de M. Adolphe Pictet. « Il y a seize ans — écrivait-il en 1856, à
« propos d'une publication[1] de son ancien maître —
« que dans la plus grande salle de l'Académie de
« Genève, la même où avaient professé Sismondi
« et Pyramus de Candolle, un auditoire nombreux
« où les têtes blanches et les hommes mûrs se
« mêlaient à la jeunesse, faisait à la parole bril-
« lante d'un orientaliste aux connaissances ency-
« clopédiques, un cercle de curiosité, de respect et
« d'espérance. L'attente ne fut point trompée et
« le cours d'*esthétique,* premier enseignement,
« sauf erreur, de cette science à Genève, retint et
« enchaîna jusqu'au bout l'auditoire émerveillé.
« Celui qui écrit ces lignes était assis au banc des
« plus jeunes ; depuis, vingt expériences de même
« ordre se sont succédé dans son existence intel-
« lectuelle, et cependant aucune n'a effacé de sa

---

[1] *Du beau dans la nature, l'art et la poésie.*

« mémoire l'impression profonde que firent sur lui
« ces leçons. Venues à l'heure favorable, répon-
« dant à beaucoup de questions positives et d'as-
« pirations confuses de son adolescence, elles furent
« pour sa pensée un de ces moments précieux qui
« qui comptent dans cette initiation continue que
« nous appelons la vie ; elles lui ouvrirent des
« perspectives nouvelles, elles lui firent entrevoir
« des horizons rêvés. »

Au sortir de telles leçons et tout palpitant de l'enthousiasme du beau, le jeune disciple crut ne pouvoir mieux faire que de visiter l'Italie.

Déjà pendant les vacances de 1840 il avait parcouru toute la Suisse. C'étaient cent soixante-douze lieues dont il avait fait soixante-seize en voiture, vingt-deux en bateau et le reste à pied, le sac au dos comme un véritable étudiant : joyeux, chantant de l'aube au soir, tantôt les airs qu'il savait, tantôt des mélodies sans paroles qu'il improvisait tout en marchant. C'était surtout en gravissant les montagnes qu'il gazouillait ainsi ; il retrouvait toujours dans l'air purifié des hauteurs l'entrain qui parfois l'abandonnait dans la plaine.

Sur les hauts monts
A pleins poumons

> Je bois la joie et la vaillance,
>   Et dans l'azur,
>   Ivre d'air pur
> Comme l'oiseau mon cœur s'élance.

a-t-il dit dans une pièce où il célèbre le Jura. Toute sa vie il garda cet attrait pour les cimes. Était-il triste ? il courait à la montagne, sûr d'y retrouver sa gaieté qui peut-être avait pris les devants pour l'obliger à fuir la ville, et qui l'attendait assise sur un tapis d'euphraise, cette petite fleur fine et modeste qu'il aimait entre toutes. La montagne ! que de fois il l'a chantée avec bonheur ! Dans une belle pièce de vers qui est en Suisse dans toutes les mémoires, il la recommande comme une consolatrice :

> Venez, vous qu'une ombre accompagne,
> Dont la peine et le deuil ont fait pâlir les fronts,
>   Venez, amis, sur la montagne,
> Car la force et la paix descendent des grands monts [1].

Ce qu'il allait voir maintenant, c'était la majesté de la mer et la sérénité des ciels d'Italie.

En novembre 1842, il quitta Genève, alla d'abord à Lyon, descendit le Rhône, parcourut le midi de la France, et s'embarqua à Marseille. Gustave Planche se trouvait sur le même paquebot, et notre

---

[1] *Part du Rêve*, p. 22.

voyageur, trop timide pour aborder l'oracle de la *Revue des Deux Mondes,* se contenta d'admirer de loin sa grande taille, ses épaules carrées et ce robuste appétit qui engloutissait avec une facilité merveilleuse une infinité de beefteaks et de cotelettes. On longea les côtes italiennes, et on arriva à Naples après une traversée faite par un temps délicieux, qui avait permis à nos passagers de contempler dans toute leur beauté la Méditerranée et ses doux rivages. Frédéric Amiel descendit à l'Hôtel Suisse tenu par un ménage mi-genevois, mi-français, M. et Mme Monnier-Ritschel : lui spirituel et enjoué, elle surtout bonne, d'une bonté toute maternelle. Ils avaient deux enfants : un garçon de douze ans et une fille de huit, celle-ci très blanche, avec de jolis cheveux châtains et l'air posé d'une petite dame, celui-là mince et frêle, un peu embarrassé de ses mouvements, ce qui tenait peut-être à la faiblesse de ses yeux, l'apparence d'*une flûte de porcelaine* suivant l'expression originale de Frédéric Amiel. Cet enfant, qui devait être Marc Monnier et qui annonçait déjà de rares aptitudes littéraires, intéressa vivement le jeune esthéticien qui lui enseigna les règles de la versification et le jeu d'échecs, deux escrimes où l'élève devait bientôt égaler et surpasser son maître.

A peine arrivé à Naples, le voyageur souffrit

d'un genou, et ce mal, léger en apparence, l'obligea à garder la chambre deux mois entiers. Les enfants Monnier lui furent une agréable compagnie pendant cette réclusion ; il les aima et ils l'aimèrent ; le temps passé à s'occuper d'eux, à jouer avec eux, lui fut doux et lui parut court. Douze ans plus tard il en consacrait le souvenir dans ces jolis vers qu'il écrivait sur l'album de M{^{lle}} Eugénie Monnier :

C'était un frais matin. Découpé dans l'azur
En regard de Sorrente, au bord du golfe pur
    Se balançait un laurier rose ;
Et sous la branche en fleurs un nid caché rêvait,
Où deux petits oiseaux jouant sur le duvet
    Gazouillaient mainte douce chose.

Pourquoi ce souvenir, mon cœur ? Oh ! qu'ils sont loin
Ces temps où je foulais, jeune et libre de soins,
    La terre où Virgile a sa tombe !
Autour de moi, dans moi, tout change ! Il est midi ;
Et dans le nid changé les oiseaux ont grandi :
    L'un est aigle, l'autre est colombe.

Sur les brises du sud, jeune couple accouru,
En vous des anciens jours tout a-t-il disparu ?
    Non : le cœur est resté le même.
Soyez heureux ! Nature, ô toi dont la bonté,
Donna la force au frère, à la sœur la beauté,
    D'amour fais-leur un diadème.

Guéri enfin, il alla à Rome pour y passer les fêtes de Pâques.

« Voir Rome, c'est perdre la foi, » disait-on au XVIme siècle ; le jeune voyageur vit Rome et perdit quelques illusions.

Jusque-là, quoique protestant, il avait eu pour le catholicisme une sympathie pleine de respect. L'homme qui se condamne à la solitude du cœur pour pouvoir se donner à tous, sans être jamais retenu dans son dévouement et sa charité par l'égoïsme des liens de famille, lui semblait le plus pur idéal du prêtre et celui de tous les disciples de Jésus qui se rapprochait le plus du divin maître ; le moine qui laisse le monde et s'enferme dans une solitude austère pour y contempler Dieu, lui paraissait le digne continuateur des philosophes antiques, ayant de plus qu'eux la foi pour couronnement de la philosophie ; la religieuse surtout, cette femme qui ensevelit sa beauté sous un voile, qui renonce à tous les amours les plus légitimes et les plus purs pour un amour plus pur encore et plus grand, la charité, était pour lui l'objet d'un culte, et il s'attendait à ce que tous ces êtres, qui lui semblaient pareils à des anges, eussent l'auréole au front et le ciel dans les yeux.

Le désenchantement qui menace toujours les imaginations exigeantes — et que M. Octave Feuillet a si bien peint dans ce passage de son roman de *Sybille*, où l'enfant enthousiaste ne trouve plus que le bon curé qui l'a baptisée ressemble à l'idéal qu'elle s'est fait d'un curé, — le triste désenchantement attendait à Rome notre poète. Déjà dans le voyage il avait rencontré quelques Sœurs de Saint-Vincent-de-Paul, dont les traits étaient moins beaux, la voix moins douce qu'il ne l'aurait voulu ; il voyait maintenant des séminaristes au regard faux, à la figure ingrate, des moines chargés d'embonpoint, des ecclésiastiques de tout rang parmi lesquels c'était à peine si de temps en temps il rencontrait un visage sympathique, un front noble, un air grave, quelque chose qui témoignât que l'existence matérielle ou mondaine n'était pas tout, et que la vie morale, la pensée avait sa place. Son sentiment esthétique était froissé, son sentiment religieux l'était plus encore ; le pittoresque des costumes amusa son dépit sans le consoler, et le souvenir de cette désillusion fut si profond que trente ans après il en parlait encore avec amertume, et, comparant l'impression que les hommes lui avaient faite et celle qu'il avait reçue des grandes basiliques et des catacombes, il disait : « Le « catholicisme est touchant quand il est muet, « choquant par l'ignorance ou la mauvaise foi dès « qu'il se met à parler. »

Cette première déception ne fut sans doute pas étrangère à la sévérité peut-être excessive avec laquelle plus tard il jugeait l'Église romaine. En tout ce qui de près ou de loin touchait au catholicisme, il avait quelque peine à être tout à fait juste.

Il ne le fut pas non plus tout à fait pour les Italiens. Trop vivement frappé de certains défauts antipathiques à sa nature sincère et profonde, il ne tint pas assez compte des qualités nobles et charmantes qui les compensaient; il ne devina pas surtout l'héroïsme qui circulait lentement dans ces veines endormies, le patriotisme qui sous une apparence d'apathie ou de légèreté attendait son heure et devait, moins de vingt ans après, donner l'indépendance à la péninsule.

Après cinq semaines passées à voir la Rome des Césars et la Rome de Léon X, il fit en vingt-trois jours le périple de la Sicile. Le prince Guillaume de Prusse avec ses deux fils Adalbert et Waldémar et une suite nombreuse faisaient le même voyage sur le même navire.

A Messine il assista à une prise de voile. La jeune fille belle et gracieuse, vêtue de blanc et couronnée de fleurs comme une victime antique lui causa une émotion extrême, et quand la chevelure soyeuse se déroula sur les épaules et couvrit toute la blanche statue d'un manteau sombre à reflets d'or, pour tomber l'instant d'après sous les ciseaux sacrés, un frisson parcourut les veines du voyageur et les larmes montèrent à ses yeux.

La novice était calme et sereine, elle ne paraissait pas regretter le monde qu'elle abandonnait ; c'était vocation sans doute et non contrainte si elle allait vivre sous les grilles. Mais ce qui choquait notre poète, c'était de voir le frère de la jeune religieuse élégant, frisé, ganté de frais, rose à la boutonnière, l'air agréable, parcourir l'église en sautillant, distribuant les saluts et les sourires, placer les gens : « Monsieur, vous verrez mieux d'ici. — Madame, vous serez mieux là, » bref, faire les honneurs de sa sœur. Le frère tendre qu'était Frédéric Amiel était révolté de cette indifférence d'un frère en une pareille occasion, et ce fut à la fois ému et indigné que, la cérémonie achevée, il quitta l'église et regagna le navire. En rentrant dans sa cabine, il s'aperçut qu'on avait profité de son absence pour lui voler sa montre qu'il y avait laissée. Elle n'était heureusement que d'une mince valeur.

De retour à Naples vers la fin de mai, il visita Pompéi et fit l'ascension du Vésuve. Il n'oublia pas de voir le couvent des Camaldules, cette admirable retraite si propice à la rêverie et à la méditation, à la poésie et à la prière, ni la Grotte bleue dont le souvenir lui resta comme une féerie. Il dit enfin adieu aux nombreux amis que sa grâce aimable et sérieuse en même temps lui avaient faits dans la colonie suisse de Naples, et prit la mer pour se rendre à Florence.

La cité des fleurs, la magicienne, exerça sur lui ce prestige auquel nul ne résiste. La beauté du ciel, la douceur du langage, les monuments, les galeries, les souvenirs de Dante, de Michel-Ange, de Savonarole, tout se réunissait pour le charmer et le retenir. Il n'accorda cependant que trois semaines à l'enchanteresse ; mais cette courte étape devait compter dans son voyage et même dans sa vie plus que les séjours de Naples et de Rome.

Parmi les richesses artistiques que Florence présentait à son admiration, rien ne le frappa à l'égal de l'œuvre de Michel-Ange, et mainte fois les voûtes de Saint-Laurent le virent au tombeau des Médicis, arrêté devant la statue du *Penseroso*. Lui aussi, immobile, et le doigt sur les lèvres il songeait, inspiré par ce marbre divin, et il se disait que celui qui pourrait surprendre tout ce qui germe sous l'ombre pensive de ce casque, ferait un beau livre de politique aussi ingénieux peut-être mais plus noble que celui de Machiavel. Et quelquefois, s'imaginant voir au lieu du Florentin qui déplore les maux de sa patrie, un homme qui s'afflige des souffrances de l'humanité, au lieu du prince cherchant le moyen de dompter les factions qui déchirent sa ville, un sage s'efforçant de maîtriser les passions qui se disputent l'âme, au lieu du souverain qui veut résoudre le problème du gouvernement d'un État et sonde la destinée des empires, un philosophe qui cherche à régir son propre cœur et voudrait trouver le mot de la vie et de la mort — ces deux énigmes éternellement posées à l'esprit humain, — notre jeune rêveur voyait, au lieu du manuel de politique, un bréviaire de morale, intéressant pour beaucoup et peut-être utile à quelques-uns.

Ce livre, il l'écrivit seize ans plus tard ; l'espèce de vision qui l'avait hanté près du tombeau de Laurent le Magnifique ne fut jamais oubliée ; c'est en souvenir de sa rêverie devant l'œuvre du sculpteur florentin, qu'il se plut à plier mainte fois sa pensée à la forme rythmique. Quand il réunit ses gnomiques en un petit volume, selon nous le meilleur de ses ouvrages, il lui donna le titre de *Penseroso*, et dans le sonnet suivant, modestement placé à la fin du recueil, il le met, tout en s'excusant du rapprochement, sous le double patronage du *Penseur* de Michel-Ange et de l'*Allegro and il Penseroso* de Milton :

O songeur florentin que sculpta Michel-Ange,
Marbre méditatif du dernier Médicis,
Qui sur ta tombe assis, et plein d'un rêve étrange
Couves tant de pensées entre tes fiers sourcils !

Et toi, chez qui déjà le chantre de l'Archange,
Milton, d'un double monde essayait les récits,
D'ombres et de rayons mystérieux mélange,
Charmante allégorie au visage indécis !

Vous que l'art a sacrés par deux de ses grands prêtres,
Statue au front pensif, poème aux vers si doux,
De mon *Penseroso*, formidables ancêtres !

Voudrez-vous renier, bien qu'indigne de vous,
L'arrière-petit-fils qui vient en vous, des maîtres
Respectueux disciple, embrasser les genoux ?

Plus tard nous reviendrons sur ce recueil de poésies-maximes qui est très peu connu et mériterait de l'être beaucoup ; nous n'avons voulu que noter le moment précis où la première idée de ce recueil traversa l'esprit de l'auteur et rendre à Florence et à Michel-Ange ce qui leur était dû.

En quittant la Toscane, il parcourut la Lombardie et la Vénétie ; puis rentra en Suisse, visita les principales sommités des hautes Alpes et se retrouva à Genève, le 2 août 1842, après une absence de près de neuf mois.

Les amis de jeunesse de Frédéric Amiel s'accordent à dire que le temps qu'il passa dans sa ville natale entre son voyage d'Italie et son séjour en Allemagne, fut peut-être le moment le plus brillant de son existence. Ses sœurs étaient revenues de pension; il retrouvait dans l'une la raison et la douceur de leur mère, dans l'autre l'entrain, la vivacité, le cœur généreux de leur père; il les aimait toutes deux avec tendresse, et elles avaient pour lui une admiration que leurs jeunes amies partageaient sans oser l'exprimer aussi vivement. Il était beau, il avait la grâce et le charme qu'il tenait de sa mère, et déjà bien des cœurs battaient sous son regard doux et profond, magnétique disent plusieurs. Sa distinction naturelle, l'élégance de sa personne et de ses manières, sa politesse exquise, son empressement respectueux pour les femmes âgées, sa réserve avec les jeunes, son amabilité avec toutes, l'enjouement de sa conversation, son talent de lecteur déjà remarquable, son habileté à rompre ces silences généraux qui s'établissent parfois dans les réunions comme si quelque maligne fée avait enchaîné la langue de chacun, son ingéniosité à imaginer ces petits jeux qui remplissent les vides de la conversation, tant d'agréments joints à tant de qualités sérieuses, lui ouvrirent tous les salons. Partout il fut accueilli et fêté ; c'était à qui aurait l'aimable pèlerin, à qui pourrait l'entendre parler de cette belle Italie qu'il avait si bien vue et qu'alors tout le monde n'allait pas voir comme aujourd'hui.

Il faut remarquer que ce fut de ce moment que la faveur des femmes commença pour lui et en même temps la jalousie de quelques hommes.

Plusieurs des jeunes gens de cette époque faisaient une assez pauvre figure dans le monde ; ils s'y tenaient raides, silencieux, guindés ; ils n'y étaient point à leur aise et ne cherchaient point à s'y mettre ; ils ne faisaient aucun frais d'amabilité ; ils dédaignaient de plaire, mais ils trouvaient mauvais que d'autres en prissent la peine ; plus mauvais qu'ils en eussent la récompense et qu'étant plus aimables ils fussent plus aimés. Il est assez naturel qu'ils se trouvassent importunés des succès du voyageur, agacés par son aisance qui faisait leur gaucherie plus gauche, par sa politesse gracieuse qui rendait plus raide leur raideur, et qu'ils lui en voulussent de ce qu'il leur ressemblait si peu. Toutefois cette petite hostilité ne faisait que poindre, celui qui en était l'objet ne s'en doutait pas ; il ne se croyait que des amis.

Il en avait beaucoup en effet, non point de tout à fait intimes, si ce n'est Charles Heim, âme tendre et poétique en accord avec la sienne, mais beaucoup avec qui il aimait à se rencontrer, à qui il était prêt à rendre tous les services et qu'il avait plaisir à convier à la joute des idées.

Il était rentré à Zofingue ; la Société devenait de plus en plus littéraire, on parlait de fonder une revue ; un comité de rédaction, composé de six membres fut nommé. Il n'est pas besoin de dire que le voyageur fut du nombre : les autres étaient MM. Le Fort, Simon, Braillard, Basset et Raymond. S'il faut en croire un badinage rimé, conservé dans les archives de la Société, le nom à donner à la feuille préoccupa longuement les parrains et ce fut l'ingénieux Amiel qui trouva ce qui convenait :

Chrysalide ! dit-il, c'est un nom d'espérance,
La chrysalide un jour devient un papillon.

La Chrysalide était fondée et nommée ; elle eut de l'éclat (tout en restant manuscrite, bien entendu). On y trouve de tout : de l'histoire, de la science, du droit, de la philosophie, de la critique ; il y a des romans, même des romans historiques, il y a des drames, des comédies, des parodies, et surtout nombre de pièces lyriques parmi lesquelles il en est bien quelques-unes qui ont du mérite ; on y trouve aussi tous les tons ; jamais le précepte de Boileau ne fut mieux obéi ; on y passe du grave au doux, du plaisant au sévère, du sentimental au burlesque, du pathétique au facétieux, avec une facilité admirable et peu de souci de la transition. Mais il faut remarquer que cette gaieté d'étudiants est toujours convenable : dans ce recueil fait pour eux seuls, et où ils avaient en conséquence toute liberté, il n'y a pas une pensée, pas une image, pas un mot qui puisse alarmer, nous ne dirons pas la morale, mais la délicatesse la plus sensitive; tous ces jeunes gens de caractère et d'esprit si divers, ont un point commun : le respect des choses respectables. C'est l'honneur d'un pays qu'une telle jeunesse.

Nous avons trouvé dans cette intéressante Chrysalide, à la date du 1er janvier 1843, une petite pièce très délicate intitulée la *Goutte de rosée* et signée Frédéric Amiel :

> Petite perle cristalline,
> Tremblante fille du matin,
> Au bout de la feuille de thym.
> Que fais-tu là sur la colline ?

demande le poète. La gouttelette répond :

> Ce que je fais sur la colline ?
> Je m'y prépare avec amour
> A m'offrir, quand viendra le jour,
> Pure à la pureté divine.

Le soleil se lève; la « petite perle cristalline » se colore de toutes les richesses du prisme, et le poète étonné s'écrie :

> — Pour que tant de magnificence
> En ton sein vierge ait éclaté,
> Dis-moi d'où te vient ta puissance?
> — Ami, c'est de ma pureté.

Se conserver l'âme pure afin qu'elle puisse refléter l'infini, cette idée profonde domina et dirigea toute la vie de Frédéric Amiel.

Ce n'était pas seulement des poésies qu'il lisait dans les réunions de Zofingue, c'étaient des travaux plus sérieux, qui donnaient à ses jeunes amis une haute idée de ce qu'il était déjà, et faisaient présager en lui pour l'avenir un brillant écrivain. Ainsi, ils eurent la primeur d'une série d'articles sur la peinture chrétienne en Italie, écrits à propos de l'ouvrage de M. Rio (*Le naturalisme et l'idéalisme dans l'art*), qui furent publiés dans la *Bibliothèque universelle*[1] et où l'on reconnaît un vrai disciple en matière d'esthétique, de M. Adolphe Pictet. Ce travail à la fois ingénieux et profond,

---

[1] Voir les derniers numéros de l'année 1842 et les premiers de l'année 1843.

d'une grande justesse de vues, d'une grande finesse d'appréciation, délicatement nuancé, semé de traits brillants et d'images heureuses, était un beau début littéraire, à qui il n'a peut-être manqué qu'un style moins timide et une langue plus transparente pour être un de ces coups de maître, après lesquels sont ouvertes toutes grandes les portes du succès. Tel qu'il était et sans franchir les limites de la Suisse romande, il fut vivement goûté, et le jeune auteur ne manqua ni de félicitations ni d'encouragements.

III

Son retour à Genève n'était point définitif; le désir de voir, d'étudier, de connaître, lui fit au printemps de 1843 reprendre le bâton du voyageur. Il alla d'abord à Paris où il passa six semaines. Quoiqu'il eût des lettres de recommandations pour plusieurs des célébrités parisiennes, sa timidité l'empêcha de se présenter nulle part; il ne fit cette fois connaissance qu'avec les monuments. Il entendit aussi quelques leçons à la Sorbonne et il lui parut qu'en général l'enseignement français manquait un peu de profondeur et faisait trop de sacrifices à l'éloquence. « Les cours parisiens, a-t-
« il écrit plus tard, à propos de l'université de
« Berlin, effleurent la matière, donnent des con-
« tours et des aperçus; ici on serre le sujet de tout
« près, on l'épuise. Le professeur français excite
« l'appétit, le professeur berlinois vous rassasie;
« l'un vous fait superficiel, l'autre vous rend *gründ-*
« *lich*. Avec le premier on doit étudier, avec le

« second on sait. » On l'a déjà pu voir, la profondeur est la qualité qu'il estime le plus.

Il quitta Paris au milieu de l'été, parcourut à pied la Normandie et la Bretagne, s'arrêta à Trouville pour y prendre les bains de mer, visita ensuite les départements du nord, entra en Belgique dont il visita toutes les principales villes, consacra dix-neuf jours à voir le Rhin et le 10 octobre arrivait à Heidelberg, cette ville charmante dont Victor Hugo a dit : « Qu'il n'y faut point passer, qu'il y faut séjourner, qu'il faudrait y vivre, » et à qui Scheffel a consacré ces vers qui sont dans la mémoire de tous les étudiants :

> Aimable diadème
> Du Neckar et du Rhin,
> Vieille Heidelberg, que j'aime
> Te voir en ton écrin !

> La science profonde
> Chez toi rit au vin vieux,
> Le frais cristal de l'onde
> Reflète des yeux bleus.

> Quand mai, de son haleine
> Rend aux monts leurs couleurs,
> Il tisse pour toi, reine,
> Un long voile de fleurs,

> Comme un nom de promise,
> Ton nom au cœur est cher ;
> Ton château rivalise
> Avec ceux de l'éther [1]

. . . .

Frédéric Amiel y passa dix mois, étudiant à fond la langue allemande et suivant quelques cours à l'université, entre autres ceux du professeur Gervinus avec qui il fut intimement lié. Il recevait l'hospitalité d'une autre famille professorale, les Weber, où il trouvait un très haut développement intellectuel uni à la cordialité, à la simplicité, à la bonhomie. La vie de l'esprit et la vie du cœur, l'affection et la pensée réunies et encadrées dans cette délicieuse vallée du Neckar, avec des ruines magnifiques à l'horizon, étaient bien faites pour lui plaire ; cependant ce n'était pas encore tout à fait son idéal. Les Allemands lui semblaient avoir quelque lenteur dans l'esprit, quelque lourdeur dans les manières ; il eût voulu les femmes plus élégantes, plus fines, plus distinguées ; aussi bonnes ménagères sans doute, mais plus capables de tenir leur salon. Peut-être trouvait-il aussi les jeunes filles un peu promptes à la tendresse, se fiançant trop à l'étour-

---

[1] Traduction de Fréd. Amiel. *Étrangères*, p. 117.

die et s'exposant ainsi à l'être plusieurs fois avant la bonne. Les cours universitaires, si intéressants, si riches d'idées ne le satisfaisaient pas complètement ; s'il lui avait paru qu'en France on accordait trop à la forme, ici elle lui semblait par trop sacrifiée ; la cordialité qui régnait entre les professeurs et les élèves et qui le charmait, lui laissait aussi quelque chose à désirer : il la trouvait un peu trop familière et sans façon ; quant à la vie d'étudiant avec ses allures tapageuses, les pipes, les chopes, les coups de rapière sans motif, elle lui déplaisait, et sa qualité d'étranger lui permettant de s'en tenir à l'écart, il partageait le loisir que lui laissaient les études, entre ses promenades, ses rêveries, la société de ses excellents hôtes et la lecture des poètes allemands dont il venait de faire connaissance, et qui le ravissaient par leur sens profond de la nature et de l'âme. Les poètes moralistes, Rückert en tête, étaient ses favoris.

Il quitta son petit paradis d'Heidelberg à la fin de l'été de 1844, visita l'Allemagne centrale, et le 15 octobre il arrivait à Berlin où il devait passer quatre ans.

Le grand attrait du Berlin de cette époque était son université alors dans sa phase la plus brillante. « L'université, écrivait le voyageur en 1848[1], est

---

[1] *Bibliothèque universelle*, mars 1848.

« une petite ville où deux mille néophytes vien-
« nent recueillir les enseignements de la science
« de la bouche de cent soixante-dix professeurs.....

« Les représentants de chaque discipline en sont
« les maîtres. Pour la géologie, *de Buch;* pour la
« chimie, *Mitscherlich* et les deux *Rose;* pour les
« sciences naturelles, *Luik* et *Lichtenstein;* pour
« l'infiniment grand, *Encke;* pour l'infiniment pe-
« tit, *Ehrenberg;* pour la physiologie comparée,
« *Jean Müller;* pour les mathématiques, *Jacobi;*
« pour la physique, *Dove;* pour l'univers, *Alexan-*
« *dre de Humboldt.* Pas un qui n'ait fait faire à la
« science cosmologique un pas décisif. Et si nous
« passons à la seconde classe, *Boeckh, Lachmann*
« et *Bekker,* les grands philologues ; *Bopp* et *Ja-*
« *cob Grimm,* les fondateurs de la grammaire com-
« parée ; les historiens *Ranke* et *de Raumer ;*
« l'orientaliste *Schott ;* le bénédictin *Pertzi ;* de
« *Savigny,* le jurisconsulte; *Néander,* l'historien
« de l'Église; *Carl Ritter,* le père de la vraie
« géographie; *Lepsius,* l'égyptologue pénétrant;
« *Schelling,* l'homme de génie créateur...

« L'université compte encore parmi les célébri-
« tés : dans la faculté de théologie, *Twesten* (école
« de Schleiermacher mitigée), et *Vatke* (école de
« Hegel). Dans celle de droit, *Stahl* (philosophie
« du droit), *Keller* de Zurich (droit romain),
« *Heffter* (droit des gens) et *Gneist* (droit civil).

« Dans la faculté de médecine, *Schönlein* (médecin du roi), *Romberg* (pathologie), *Jüngken* (chirurgie), le célèbre opérateur *Diefenbach*, *C.-H. Schultz* (observateur original et fondateur d'un système entier de botanique, de physiologie et de pathologie), *Ideler* (psychiatrie). Dans la faculté de philosophie, *Gabler*, *Michelet*, *Hotho* (hégéliens), *Trendelenburg* et *Gruppe* (indépendants), *Waagen* et *Tœlken* (histoire de l'art), etc..... »

A Berlin comme à Heidelberg le jeune observateur put remarquer chez les professeurs une extrême négligence de la forme, nul soin pour la prononciation, la netteté, l'élégance du débit, et chez plusieurs et des plus célèbres des tics ridicules. Tout était sacrifié à la solidité (*Gründlichkeit*); il en résultait parfois de l'encombrement et de la disproportion ; beaucoup, embourbés dans leur érudition, n'arrivaient pas à la pensée, et peu savaient tailler un cours à la longueur du temps qui leur est accordé.

Presque tous dictaient au lieu d'improviser, en sorte que les étudiants étaient moins des auditeurs que des secrétaires, et que c'était un spectacle particulier que toutes ces têtes couchées sur le pupitre et toutes ces plumes courant sur le papier devant ce professeur lisant. « Le rapport est im-

« personnel, continue le jeune écrivain, la pensée
« parle à la pensée, mais les acteurs ne se voient
« pas. On pourrait les croire les uns et les autres
« passifs. Ce serait une erreur. L'attention est sou-
« vent à sa plus haute concentration pendant l'opé-
« ration mécanique que chacun poursuit. Vous
« imaginez voir un homme qui dicte et ses sténo-
« graphes qui écrivent. Point, ce sont deux ma-
« nières de se recueillir. »

Les étudiants de Berlin n'étaient pas « maîtres et seigneurs » comme dans les autres universités ; ils ne faisaient pas société organisée, avaient peu d'esprit de corps, et n'étaient pas en commerce habituel avec les professeurs. Les sérénades, le bal de l'université entretenaient pourtant des relations, et la plupart des professeurs en renom, pour répondre à l'empressement de leurs étudiants, avaient un soir de réception où la causerie s'établissait autour de la table à thé. Malheureusement la gêne, qui passait quelquefois à la ronde avec « l'infusion chinoise, » gâtait un peu ces réunions.

Il se donnait cent vingt leçons par jour à l'université de Berlin : « Celui qui les entendrait toutes
« deviendrait certainement fou de rire ou de déses-
« poir. L'un construit, l'autre démolit; l'un dit, l'au-
« tre dédit; on vous a prouvé une thèse ici, dans
« la chaire voisine on la réfute; vous avez entendu

« un orthodoxe, voici un rationaliste auquel succède
« un spéculatif... Vous ne savez plus à quoi vous
« en tenir, mais ayez patience et vous recon-
« naîtrez que vous avez dans une université une
« équation à mille termes, image en petit de la
« grande équation de la vie. Les facteurs se croisent,
« se repoussent, se combinent, s'entre-détruisent,
« mais la fin de tout cela n'est pas le néant, c'est
« la simplification de la formule, le rapprochement
« graduel de la vérité. »

Frédéric Amiel, heureusement pour lui, ne pouvait entendre ces cent vingt leçons par jour, mais il en entendait beaucoup. « Il ne se faisait faute
« de rien, nous écrit un de ses amis qui étudiait à
« Berlin à la même époque, il suivait des cours
« dans les quatre facultés. Ce n'était pas à pro-
« prement parler un étudiant, c'était un homme
« qui étudiait. Il n'y avait pas chez lui le laisser
« aller qui était habituel chez les autres, il savait
« aménager sa vie et discipliner son travail et ses
« loisirs. » Il le fallait bien pour suffire à ce qu'il s'était proposé de faire. Il passait de longues heures à l'université; il abordait les lectures les plus variées; il avait pris à son premier voyage l'habitude d'écrire son journal intime, et il était fidèle à y noter ses pensées et ses expériences de chaque jour; il avait une vaste correspondance : de temps

en temps il envoyait à la *Bibliothèque universelle* quelques articles dont l'un, sur Jean de Muller et ses continuateurs, à propos du volume de M. L. Vulliemin dans l'histoire de la Confédération suisse, fut très remarqué ; il se promenait beaucoup, allait un peu dans le monde et trouvait encore des instants pour la poésie ; on est émerveillé d'une activité aussi prodigieuse, surtout si l'on songe que sa santé toujours délicate l'obligeait à bien des ménagements.

« Ce séjour en Allemagne, dit M. Ed. Scherer
« dans la belle étude qui a servi de passeport au
« *Journal intime*, était le souvenir brillant, radieux
« dans la pensée d'Amiel, celui qu'il enrichissait
« de toutes les couleurs dont il dépouillait son pays
« natal... Les quatre années passées à Berlin
« avaient été ce qu'il appelait sa phase intellec-
« tuelle et, comme il était bien près d'ajouter, la
« plus belle période de sa vie. Il resta longtemps
« sous le charme. »

Longtemps, mais pas toujours, et l'éminent critique ajoute un peu plus loin que le penseur eut à se « défaire de certaines étrangetés de style » qu'il avait gagnées « dans un trop long commerce avec l'esprit germanique, » et même à réagir « contre certaines habitudes de pensée. » Frédéric Amiel nous a répété bien souvent le mot que cite M. Scherer, « qu'il s'était émancipé un peu tard de l'Allemagne et qu'il avait regret d'y avoir séjourné trop longtemps. »

Il avait retrouvé à Berlin plusieurs compatriotes et était en excellentes relations avec tous. Les jeunes gens qu'il voyait le plus volontiers étaient MM. Édouard Humbert[1], Charles Fournel[2], Emmanuel Frey[3] et Félix Bovet[4]. Les deux derniers étaient aussi avant dans sa confiance que son caractère réservé rendait possible de l'être. C'était chez M. Félix Bovet qu'on se réunissait à l'ordinaire. Les sujets les plus variés alimentaient la causerie. Frédéric Amiel suivait avec un vif attrait les cours de Schelling et des hégéliens, mais il paraissait néanmoins à ses amis plus littérateur que philosophe ; les études historiques l'attiraient aussi et ses connaissances dans les sciences physiques

---

[1] Actuellement professeur de littérature à l'université de Genève.

[2] Poète français qui enseignait sa langue aux jeunes princes de Prusse. Il est mort en 1870. Son principal recueil poétique : *La Légende dorée*, est d'une grâce et d'une naïveté charmantes.

[3] Jeune philosophe zurichois qui donnait les plus belles espérances. Mort en 1850.

[4] Auteur d'un *Voyage en Palestine* qui eut un grand succès et d'une très remarquable biographie du comte de Zinzendorf.

émerveillaient son entourage. Il parlait si souvent et si bien de médecine que la bonne dame chez qui logeait M. Bovet, ayant eu une attaque d'apoplexie, pria qu'on allât lui chercher le docteur Amiel. On eut bien de la peine à lui persuader qu'il n'était pas médecin. « Bien d'autres s'y seraient trompés, » ajoute l'ami qui nous fournit ces renseignements.

Si Frédéric Amiel aimait l'université de Berlin, les Berlinois en revanche lui plaisaient peu : « Les
« Berlinois, écrivait-il, ne sont pas aimés en Alle-
« magne, et malheureusement ils ne sont pas com-
« plètement aimables; ce qu'on appelle la naïveté,
« la cordialité, la candeur allemande leur fait dé-
« faut; ils manquent de naturel et en conséquence
« d'élan, de spontanéité, de sympathie, d'enthou-
« siasme; ils ont l'importance exagérée des formes,
« le raffinement, l'affectation, le ton blasé. L'in-
« telligence l'emporte chez eux sur le sentiment,
« la réceptivité sur la production, la perception du
« général sur celle de l'individuel. La direction et
« la force de ce peuple est le criticisme, dont l'in-
« convénient est la sécheresse. Le sable du sol est
« dans une certaine corrélation avec le caractère
« de ses habitants.

« Il y a peu de villes où l'originalité soit moins
« acceptée qu'ici. La régularité qui a été dans

« l'éducation de ce peuple a laissé son analogue
« dans son esprit; la règle courbe tout ; le génie
« lui-même doit être disciplané pour être re-
« connu.

« La pensée l'emporte ici sur la vie. Berlin est
« surtout la cité théorique, la ville de l'érudition,
« de la critique, de la science, une pensée à l'abri
« d'un manteau militaire, une académie au milieu
« d'un camp.

« Les Berlinoises sont bien douées, supérieures
« à plusieurs égards aux autres Allemandes; les
« jolies têtes se rencontrent ici plus souvent que
« dans le sud; les jeunes filles de bonnes familles
« sont très instruites, parlent couramment plusieurs
« langues, lisent beaucoup de littérature étran-
« gère, dessinent, peignent, sont musiciennes et
« déploient parfois un talent critique qui ne s'ef-
« fraye de rien. Ce qui leur manque au milieu de
« leurs qualités, c'est un peu de tendresse, un
« peu de sens féminin, cette fleur délicate qu'on
« n'ose analyser de peur de la ternir. La situa-
« tion des femmes serait plus haute ici que dans la
« moyenne de l'Allemagne, mais toujours beaucoup
« moins que dans les mœurs françaises. »

Qu'on nous pardonne ces nombreuses citations,
il nous a paru intéressant de voir quelque chose du
Berlin de cette époque par les yeux de cet observa-

teur et de ce penseur qui avait commencé ses articles sur la Prusse par cette remarque aussi profonde qu'elle était nouvelle alors « qu'il y a une
« organogénie des villes, et que le plan de chacune
« est une section anatomique qui fait pénétrer
« dans les secrets de sa vie, » et qui les terminait ainsi :

« Œuvre de l'habileté et non de la nature, la
« Prusse devait avoir la science pour palladium.
« La réflexion et non l'instinct, la persévérance
« plus que la force l'ont faite ce qu'elle est. La
« pensée, son principe créateur, devait demeurer
« son perpétuel soutien. La Prusse, monarchie
« absolue, a fait de la science sa raison d'État. Son
« absolutisme est donc libéral. Là est sa grandeur,
« là sera la nécessité de sa métamorphose.
« La gloire de cette monarchie est d'avoir créé
« une grande puissance protestante, consolidé un
« royaume né d'hier, d'avoir par des soins soutenus
« purifié, agrandi, élevé toujours plus haut dans
« la vie de l'intelligence et du bien, les millions
« d'hommes dont elle avait conquis la direction :
« en un mot d'avoir été une noble institutrice des
« peuples. Mais l'éducation a pour fin de devenir
« tous les jours moins nécessaire ; quelle que soit
« la supériorité d'un père, ou plutôt en raison de
« cette supériorité, ses enfants tendent à devenir

« dignes de lui en cessant d'être ses enfants. Or
« l'absolutisme libéral est encore trop absolutisme
« pour être libéral. L'État a couvé sous ses ailes
« la science, la religion, les intérêts généraux,
« c'était son droit ; mais sa couvée a grandi, les
« ailes sont venues, elle ne peut plus tenir dans le
« nid, c'est la destinée. Le pupille, grâce à cette
« habile tutelle, a pris de la raison, il devient majeur
« et demande un peu plus de liberté. Impatience
« de la tutelle trop continuée, telle est la situation
« de la Prusse actuelle.

« Ajoutons que Berlin n'a pas seulement la pré-
« tention de guider la Prusse, déjà dans tous les
« rangs de la population a pénétré l'instinct et la
« conscience d'un rôle plus considérable. La thèse
« que la Prusse doit prendre en main la direction
« de l'Allemagne est devenue un axiome. Berlin
« aspire à l'hégémonie des pays germaniques, mais
« pour y réussir, il lui faut deux choses : corriger
« ses défauts du nord par les qualités du sud de
« l'Allemagne; concilier les sentiments et les be-
« soins en corrigeant sa tendance théorique par la
« tendance morale et pratique, sa discipline par
« l'affranchissement individuel, son absolutisme
« par l'élargissement des libertés et la fondation
« d'une vie publique véritable. »

Si l'on songe que ceci était écrit en 1848 avant

la révolution, on conviendra facilement que ce jeune homme voyait loin.

Pendant ces quatre années il consacra chaque automne à un voyage. En 1845 il vit le Danemark, la péninsule scandinave, et fit quelque séjour à la petite île de Norderney, où il rencontra une de ses plus belles inspirations poétiques :

<blockquote>
Sur le sombre Océan tombait la nuit tranquille ;
Les étoiles perlaient au ciel silencieux ;
Le flot montait sans bruit sur le sable de l'île...
O nuit, quel souffle alors me vint mouiller les yeux !

Le froid saisit mon cœur, quand, muet, immobile,
Étendu sur la grève, et le front vers les cieux,
Je sentis, comme on sent que sur la vague il file,
La Terre fuir, sous moi, navire audacieux !

Du pont de ce vaisseau qui m'emportait, sublime,
Je contemplai, nageant sur l'éternel abime,
Les flottes des soleils au voyage béni ;

Et, d'extase éperdu, sous les voûtes profondes
J'entendis, ô Seigneur, dans l'éther infini,
La musique du temps et l'hosanna des mondes.
</blockquote>

En 1846 il vit le Hanovre, la Hollande, et il revit la Belgique ; en 1847 il fit une petite navigation sur la Baltique, et prit les bains de mer à

Héringsdorf, où se trouvaient quantité de jolies personnes dont quelques-unes de haut rang. Il n'y avait presque pas d'hommes : cinq ou six messieurs pour trente dames. Il avait conservé le plus agréable souvenir de ce séjour où la muse lui avait chanté cette gracieuse mélodie qu'il a intitulée *Printemps du nord :*

> Journée
> Illuminée,
> Riant soleil d'avril,
> En quel songe
> Se plonge
> Mon cœur, et que veut-il ?
>
> Sur la haie,
> Où s'égaie
> Le folâtre printemps,
> La rosée
> Irisée,
> Sème ses diamants.
> . . . .
>
> Sur la branche
> Qui penche.
> Vif, l'écureuil bondit ;
> La fauvette
> Coquette
> Se lustre dans son nid.

L'eau sans ride
Et limpide
Ouvre de ses palais,
Où tout brille
Et frétille,
Les réduits les plus frais.

La grue
En l'étendue
A glissé, trait d'argent ;
Dans l'anse
Se balance
Le cygne négligent.

La follette
Alouette,
Gai chantre des beaux jours,
Dans l'azur libre
Vibre,
Appelant ses amours.

Dans l'onde
Vagabonde,
Aux prés, sur les buissons,
Sous la ramée
Aimée,
Aux airs, dans les sillons,

Tout tressaille
Et travaille,

>   Germe, respire et vit,
>   Tout palpite
>   Et s'agite,
>   Tout chante, aime et bénit.

>   Journée
>   Illuminée
>   Riant soleil d'avril,
>   En quel songe
>   Se plonge
>   Mon cœur, et que veut-il ?

En 1848 il dit adieu à Berlin et parcourut la Bohême, l'Autriche, la Bavière, le Wurtemberg, toute l'Allemagne du sud. Il s'arrêta plusieurs semaines à Tubingue et avait l'intention d'y prendre son grade de docteur en philosophie, lorsque des lettres pressantes le rappelèrent à Genève.

La petite patrie genevoise avait été profondément troublée deux ans auparavant. La révolution radicale de 1846 avait entraîné la démission de plusieurs professeurs de l'Académie[1] ; il y avait

---

[1] A la suite de la révolution de 1846 une loi déclara vacantes toutes les chaires de l'Académie. On renomma les professeurs dont l'enseignement était purement scientifique ou qui étaient agréables au nouveau gouvernement, mais on laissa destitués ceux dont l'enseignement pouvait toucher de près ou de loin aux questions sociales

des chaires à repourvoir ; celle d'esthétique et de littérature semblait convenir à Frédéric Amiel. Ses parents, ses amis étaient impatients de le revoir, tous lui écrivirent pour le presser de venir la postuler.

Il se livra alors en lui un pénible combat. Son séjour prolongé dans des milieux sympathiques à son cœur, comme Heidelberg ; à son esprit comme Berlin, lui faisait envisager son retour à Genève avec une sorte d'effroi. On se rappelle combien tout jeune il était choqué de l'esprit genevois âpre et moqueur ; la faveur qui l'avait entouré à son retour d'Italie ne lui avait point fait prendre le change ; il avait trop vu que, sauf chez quelques familles héritières d'une ancienne urbanité, la bienveillance n'était pas à l'ordre du jour dans la ville de Calvin, et s'il avait été flatté d'être l'objet d'une aimable exception, il avait souffert pour ceux qui n'avaient point le même privilège. Nous l'avons vu à Zofingue prendre bravement parti pour les victimes de la moquerie ; mais le monde n'est pas une réunion d'étudiants où de bonnes paroles suffisent pour faire rentrer les railleurs en eux-mêmes ou les obliger à quitter la place ; le monde

ou religieuses. La faculté des lettres fut presque entièrement balayée.

ne se laisse point faire la leçon et, en dépit de la morale et des moralistes, reste ce qu'il est, ou du moins ne se transforme que fort lentement. Le jeune philosophe le savait et sentait qu'il aurait à souffrir au milieu de cette société frondeuse, si rarement disposée à l'indulgence.

Le tempérament batailleur de ses compatriotes ne lui plaisait pas davantage que leur esprit de raillerie, tout en sachant que le passé de Genève explique cette humeur agressive et l'excuse, qu'un peuple, composé en grande partie de réfugiés chassés de leur pays par les persécutions religieuses, ne saurait avoir la grâce des Athéniens de Périclès, la politesse parisienne ou florentine et la bonhomie allemande, il sentait qu'il aurait de la peine à se plaire, lui épris d'accord et de paix, dans une ville où le baromètre moral est encore plus souvent à la querelle que l'autre à la bise[1].

---

[1] La pièce suivante, que nous trouvons dans ses poésies inédites, à la date de 1877, prouve que tout en rendant justice aux qualités des Genevois, il ne put jamais s'accoutumer à leurs défauts :

I

Toi qu'on voit porter l'*Aigle* et la *Clé* sur ton sceau,
O cité de Calvin, ô ville de Rousseau!

Il ne se décidait jamais à la légère ; en face de toute perspective nouvelle, il donnait beaucoup à la réflexion et suivant une habitude qu'il avait prise de bonne heure, il délibérait toujours la plume à la main, inscrivant dans une colonne les avantages de la chose en question, dans une autre les inconvénients : l'actif et le passif. En vrai fils

Ruche de mécontents, tes fils ont l'énergie,
La droiture, l'honneur et la science, mais
L'amour-propre est chez eux l'éternelle vigie ;
Le *Moi* des Genevois ne sommeille jamais.
Leur paix est batailleuse et rarement désarme ;
Ils s'emportent toujours, et pour rien et pour tout ;
Leur mérite est réel mais il manque de charme,
Et même leurs vertus ne plaisent pas beaucoup.
Le paysage à part, ici tout est farouche ;
On n'y voit que des gens qui se mangent entre eux.
Le poing levé sans cesse, et l'injure à la bouche,
O frères ennemis, cependant généreux,
Quel guignon à tout coup vous fait prendre la mouche,
Et vous défend l'accord qui vous rendrait heureux ?

II

Quel guignon ? le passé, nos périls de naguère.
Au dehors, au dedans, et partout et toujours,
Pendant quatre cents ans nous avons eu la guerre,
Et grâce à notre sang que nous n'épargnions guère
Nous vous avons enfin conquis de meilleurs jours.
Mais le pli des combats est pris. Notre Genève,
Par raison de santé, bataille encore sans trêve
Et n'est pas disposée à couvrir de velours
Son bon vieux gantelet dont les coups sont si lourds.
Rassurez-vous pourtant, car nous faisons en somme
Plus de bruit que de mal. On paraît tout casser,
On crie, on vocifère, il semble qu'on s'assomme...
Attendez un instant et l'on va s'embrasser.

de marchand il faisait sa balance et ne prenait un parti qu'à bon escient.

En cette occasion il lui paraissait que les inconvénients l'emportaient, et de beaucoup, sur les avantages, mais il pensa à ceux qu'il aimait. Si sa sœur aînée qui venait d'épouser le pasteur G*** voyait sa destinée fixée, il n'en était pas de même pour la cadette qui, bien jeune encore, risquait d'avoir pendant plusieurs années besoin de la protection de son frère ; d'ailleurs les oncles se faisaient vieux ; le jeune homme se trouverait peut-être bientôt le chef de la famille et serait appelé à rendre aux enfants de ceux qui avaient pris soin de ses jeunes années ce qu'on avait fait pour lui et pour ses sœurs. Il sentait qu'il était à un moment décisif de sa destinée ; que c'était là son Rubicon. Partir ou rester ? que ferait-il ? Rester ?... il en était bien tenté. Partir ?... il le fallait peut-être. Le bonheur était d'un côté, le devoir de l'autre. Ce fut le devoir qui l'emporta.

Content de lui et pourtant triste au fond du cœur, il reprit le chemin de Genève. Lorsqu'il était parti six ans auparavant, « les beaux cerisiers, « parés de leur robe verte du printemps, chargés « de leurs bouquets de noce, souriaient à son départ « le long des campagnes vaudoises, et les lilas de « la Bourgogne lui jetaient au visage des bouffées

« de leurs parfums [1]. » Quand il rentra dans sa ville natale, le jour de Noël 1848, pour la première fois de l'hiver il neigeait. Cette neige était comme un présage de la froideur dont il allait avoir à souffrir.

[1] *Journal intime*, vol. I, page 5.

IV

Cependant l'impression de découragement mélancolique qui avait accompagné le voyageur dans sa route de Tubingue à Genève ne tarda point à se dissiper. Long à réfléchir, une fois décidé il portait gaiement sa décision et s'efforçait de ne plus voir que le bon côté du parti qu'il avait pris. « Pessimiste avant, optimiste après, » disait-il, et il suivait bravement son chemin sans plus regarder en arrière, surtout lorsqu'il pensait, comme c'était le cas ici, que la Providence avait choisi pour lui. Et puis il faut le dire, si ses voyages l'avaient un peu déraciné du sol natal, il n'avait point pris racine ailleurs; si beaucoup de choses le choquaient à Genève, les autres pays tout en lui plaisant davantage ne lui plaisaient cependant pas assez complètement pour lui inspirer le désir absolu d'une transplantation. D'ailleurs, nous l'avons dit, la grande voix du devoir parlait chez lui plus haut que toutes les autres, et si la satisfaction d'avoir fait ce qui était bien lui laissait encore quelques regrets, ils s'évanouirent dans la joie de se retrouver en famille après une si longue absence. Ce sentiment de bonheur lui faisait écrire dans son journal ces lignes charmantes :

« Des douceurs de la vie domestique, ce qui
« charme le plus, c'est presque leur petite monnaie,
« ces mille riens, ces attentions, ces égards et ces
« regards, bagatelles parfois imperceptibles de près
« et isolément, mais qui réunies font une atmos-
« phère de bien-être, et vues dans le souvenir, une
« auréole modestement lumineuse dont l'attrait
« grandit avec l'âge au lieu de se dissiper. Le con-
« traste ici comme ailleurs fait apercevoir l'objet,
« et ressortir de l'ombre le bonheur qui s'y effaçait.
« Voyagez pour apprécier le repos ; goûtez de l'hos-
« pitalité des hôtelleries pour connaître celle de la
« famille. Juif errant, dis-nous, que penserais-tu
« d'une cabane, même la plus humble, abritant
« quelques êtres qui t'aiment, au bord du lac de
« Génésareth où sous un mûrier du Jourdain[1] ? »

Ce ne fut donc point un être attristé et enveloppé de résignation que revirent ses parents et ses amis, mais un jeune homme souriant, heureux et semblant croire à sa destinée.

« J'ai très présente à l'esprit, nous dit M. Ed.
« Scherer, ma première rencontre avec Amiel.

[1] *Grains de mil*, page 121.

« C'était en 1849, au retour de sa longue absence.
« Il avait vingt-huit ans, arrivait d'Allemagne
« chargé de science, mais portant le poids de son
« savoir légèrement et agréablement. Sa physiono-
« mie était charmante, sa conversation animée ;
« aucune affectation ne gâtait l'impression qu'il
« faisait. En somme quelque chose de tout à fait
« brillant. Jeune et alerte, Amiel semblait entrer
« en conquérant dans la vie. On eût dit que l'ave-
« nir lui ouvrait ses portes à deux battants. Que
« d'espérances ses amis ne fondaient-ils pas sur une
« si vive intelligence mûrie par de beaux voyages
« et de longues études[1] ! »

Tous les témoignages ne sont pourtant pas aussi favorables que celui-là ; plusieurs des relations de Frédéric Amiel affirment avoir remarqué en lui à ce retour d'Allemagne un changement fâcheux ; ils le trouvèrent moins aimable qu'après son voyage d'Italie ; il leur parut légèrement hautain et dédaigneux ; plus que jamais brillant causeur, mais supportant moins la contradiction ; cassant dans la discussion, ayant perdu pour la langue et le style. Ce dernier point, il en convenait lui-même ; pour le reste, il est fort possible qu'il y ait eu erreur d'appréciation, et que l'élégance un peu recher-

---

[1] *Journal intime*, vol. I, page xv.

chée peut-être de ses manières ait fait prendre le change, car il fut timide bien longtemps et resta modeste toute sa vie.

Aussitôt son arrivée il se mit au rang des candidats à la chaire d'esthétique. Une thèse à présenter et à soutenir ; deux questions, l'une d'esthétique, l'autre de littérature française sur des sujets donnés, à traiter oralement après deux heures seulement de préparation, trois leçons publiques à faire sur des sujets indiqués trois jours à l'avance, telles étaient les épreuves imposées aux postulants.

Il les subit au printemps de 1849, du 29 mars au 30 avril et s'en tira brillamment. Sa thèse : *Du mouvement littéraire dans la Suisse romande et de son avenir* était un travail d'un vif intérêt et d'une haute portée ; les leçons publiques furent également fort remarquables, mais elles lui coûtèrent davantage. Il nous a raconté que, lorsqu'il s'était vu dans sa chaire en face de ses auditeurs, il avait été pris d'un indicible effroi, et qu'il lui avait fallu toute sa force de volonté pour résister à la tentation de s'enfuir. Ce n'était guère là, il faut en convenir, le fait d'un homme arrogant et infatué de lui-même. Après trente années de professorat, et quoique l'aisance gracieuse avec laquelle il montait à sa chaire ait pu faire illusion à ceux qui confondent la gaucherie avec la timidité, il fut toujours quelque peu mal à l'aise devant son auditoire.

Se trouver à vingt-huit ans professeur à cette Académie de Genève, où depuis Calvin tant d'hommes illustres avaient enseigné, était un succès que beaucoup envièrent. Cependant les circonstances dans lesquelles le jeune professeur obtenait sa chaire ne furent pas sans lui créer des difficultés. « Fort étranger de tout temps à la politique, dit
« M. Scherer, et surtout à la politique militante,
« resté grâce à son absence prolongée en dehors
« des luttes qui avaient déchiré Genève, il avait pu,
« sans violer aucun devoir ni même je crois aucune
« convenance, accepter du nouveau gouvernement
« un poste où l'appelait évidemment son mérite.
« Il n'en est pas moins vrai que bon gré mal gré il
« eut l'air d'avoir pris parti ; il s'était classé, ou si
« l'on aime mieux déclassé, et il eut cette déconvenue de se voir traiter avec froideur par la société polie de la ville, en même temps qu'il se
« sentait absolument dépaysé dans le milieu où ces
« dédains semblaient le rejeter. Amiel en effet avait
« encore moins d'affinité avec la démocratie triomphante qu'avec le tour d'esprit général de ses
« compatriotes [1]. »

Il nous a parlé bien souvent de l'isolement où il se trouva tout à coup. Un homme fort distingué qui

---

[1] *Journal intime*, vol. I, page XVII.

avait comme tant d'autres à se plaindre des changements qui se faisaient à Genève, et qui se trouvait exercer une influence considérable, lui avait dit : « Nous ferons le vide autour de vous. » Le vide se fit en effet, et « la conspiration du silence, » c'était son expression, dura bien longtemps.

« Peut-être, a dit M. Ernest Renan dans les
« brillants articles qu'il a consacrés au penseur
« genevois, Amiel n'observait-il pas à l'égard du
« monde où il vivait un système de précaution assez
« complet; quand on n'est pas comme les autres
« hommes il faut se garer d'eux. Chacun de nous
« n'a le droit d'exiger de la société dont il fait
« partie que d'être toléré. On y réussit presque
« toujours par la tolérance et l'impartialité. Une
« des naïvetés d'Amiel fut de se croire obligé à des
« batailles de pygmées et de faire cause commune
« avec un parti qui, s'il eût été aux affaires, ne
« l'eût pas mieux compris que le parti démocra-
« tique. L'homme qui a voué sa vie à la recherche
« du vrai, à la poursuite du bien ne doit s'attacher
« absolument à aucune des révolutions qui se suc-
« cèdent en ce monde ; il ne doit connaître qu'un
« seul intérêt, celui de l'âme humaine et de l'esprit
« humain [1]. » Que l'illustre écrivain nous permette

---

[1] *Journal des Débats,* 30 septembre 1884.

de lui dire qu'il se trompe, que sans être arrivé à cette indifférence qu'il eût voulu lui voir, et tout en restant patriote de cœur et remplissant avec sérieux ses devoirs de citoyen, Frédéric Amiel, comme l'affirme M. Scherer, sut se tenir à l'écart de toute lutte de parti et garder la plus stricte neutralité. Si la tolérance et l'impartialité étaient d'aussi bons moyens de se faire accepter que M. Renan paraît le croire, nul n'y aurait mieux réussi que l'homme qui nous occupe, car nul ne fut plus impartial et plus tolérant, mais ce fut précisément de cela qu'on lui fit un tort.

> Soyez donc modéré pour ne plaire à personne,

a dit un poète assez oublié aujourd'hui, mais qui n'en a pas moins exprimé dans ce vers une vérité toujours vraie; si au point de vue de la dignité le jeune professeur eut cent fois raison, il eut tort au point de vue du succès.

Cependant il ne vit point d'abord l'horizon trop noir, et prit possession de sa chaire sans grand enthousiasme mais avec l'espoir, ayant le désir de bien faire, d'être apprécié de ses étudiants ; et, se sentant plein de bienveillance pour eux, il compta un peu sur la réciprocité.

Le cours d'esthétique fut intéressant; l'heureuse influence de M. Adolphe Pictet s'y faisait sentir, et plus d'un étudiant d'alors nous a dit lui devoir une infinité d'idées et en conserver le meilleur souvenir. Mais lorsqu'en 1850 le jeune esthéticien fut chargé de l'enseignement de la philosophie, dont trois ans après il devint professeur en titre, les difficultés commencèrent pour lui.

Cette chaire de philosophie [1] avait été occupée de 1844 à 1846 par M. Ernest Naville; le professeur qui l'avait eue ensuite y avait si peu marqué qu'il semblait qu'elle fût restée vide et que Frédéric Amiel succédait directement à M. Naville. Il y a des successions difficiles ; le souvenir de cette parole élégante, de cette phrase claire comme le cristal, où la pensée se meut si à l'aise, de cette éloquence qui coule de source et semble si naturelle qu'on ne soupçonne jamais le travail, n'était point pour faciliter la tâche du jeune philosophe. Si c'était un honneur que de parler où avait parlé M. Naville, c'était aussi un péril et une malechance.

Toutefois ce n'étaient pas les préparations qui manquaient au nouveau professeur; nous avons vu

[1] Avant la révolution il y avait une chaire de philosophie occupée par M. Choisy et une chaire d'histoire de la philosophie dont M. Ernest Naville était le titulaire. En 1846 on réunit les deux chaires en une.

à quelles fortes études il s'était livré ; nul n'était plus qualifié pour cet enseignement, et le gouvernement radical qui avait patroné tant de médiocrités, on pourrait même dire tant d'incapacités, avait eu cette fois la main heureuse en choisissant un homme de cette valeur. Mais la science n'est que la moitié de ce qui est nécessaire à un professeur : posséder est bien, il faut encore savoir donner, et s'il est vrai, comme on l'a dit de la générosité et de la bienfaisance, que la façon de donner vaut mieux que ce qu'on donne, cela est vrai aussi dans l'enseignement. Jusque-là uniquement occupé d'apprendre, Frédéric Amiel n'avait pas songé aux difficultés de faire apprendre, et jugeant trop toutes les intelligences d'après la sienne, il ne s'imaginait pas que d'autres pussent trouver difficile ce qui lui avait paru si aisé.

Il est toujours fâcheux, nous disait dernièrement un homme qui a une grande autorité dans toutes ces matières, de commencer par l'enseignement supérieur. Là, entre l'élève et le professeur, le rapport n'est presque pas plus direct que celui qui existe entre l'écrivain et son lecteur ; on écoute si l'on veut, on comprend si l'on peut, tandis que dans l'enseignement préparatoire le maître prend pour ainsi dire l'élève corps à corps ; c'est une lutte où il doit vaincre pour donner la victoire à son vaincu, et c'est ainsi qu'on prend la mesure des jeunes esprits.

Le nouveau professeur ne l'avait pas et ne l'eut jamais ; il demanda toujours trop à ses étudiants, c'est pourquoi il ne fut point en aussi grande faveur auprès de la jeunesse que d'autres ayant un fonds bien moins riche que le sien, mais sachant en tirer un meilleur parti.

« Nous rendions justice sans doute, dit M. Al-
« phonse Rivier, à sa science aussi variée qu'éten-
« due, à sa vaste lecture, au cosmopolitisme d'ex-
« cellent aloi qu'il avait rapporté d'un long séjour
« à l'étranger ; nous lui savions gré de son amabi-
« lité indulgente et spirituelle. Mais je me souviens
« sans plaisir de ses leçons qui contrastaient à
« leur désavantage avec celles de mon premier
« maître en philosophie, M. Ernest Naville. C'est
« que les qualités subtiles de la pensée d'Amiel,
« comme dit fort justement M. Scherer, n'étaient
« pas faites pour être appréciées par de jeunes
« auditeurs. Nos cerveaux de dix-huit ans ne pos-
« sédaient pas de quoi remplir ce cadre et je pense
« que nos successeurs n'étaient guère plus riches
« que nous [1]. »

Nous l'avons vu très choqué du manque de pro-

---

[1] *Revue de Belgique*, 1883.

portion de la plupart des cours allemands; il sut à merveille éviter ce défaut, il calculait si juste et partageait si bien le champ à parcourir, que la dernière minute de la dernière leçon tombait sur le dernier mot du cours. Mais le désir d'être complet, de ne rien omettre l'empêchait de donner les développements qui auraient intéressé; il ne savait pas assez que les jeunes esprits s'attachent surtout aux détails, que ce sont les petites choses qui leur font aimer les grandes, et qu'il faut un esprit beaucoup plus mûr pour se plaire aux seuls linéaments des systèmes et pour deviner les beautés de l'édifice d'après la charpente si admirable qu'elle soit. En somme ses cours étaient moins des cours achevés que des programmes de cours.

« Il était clair et substantiel ; sa méthode était
« scientifique et non oratoire ; il s'effaçait devant
« la chose enseignée, il avait le sentiment délicat
« des nuances. » Ce jugement d'une personne admiratrice, écrit en marge de notes que nous avons sous les yeux, est parfaitement juste, surtout si on l'applique aux dernières années d'enseignement où le professeur avait beaucoup amélioré sa manière ; mais l'éloge même contient une critique. « Plus scientifique qu'oratoire, » c'était justement de cela qu'on se plaignait. Le livre peut être surtout scientifique, quoique le style ne nuise jamais ;

un cours professé doit être oratoire avant tout ; les qualités hors de place deviennent des défauts.

Au reste le public ne cherche pas si loin ; si son attention n'est pas captivée il s'ennuie et n'approfondit pas les causes de cet ennui ; il donne les premières venues qui ne sont pas toujours les vraies. Les uns disaient des cours de M. Amiel : « c'est obscur ; » les autres : « c'est superficiel ; » et bien que ces critiques s'annulent l'une par l'autre, elles n'en faisaient pas moins leur chemin.

Quant au sentiment des nuances, il ne l'avait que trop ; dans la crainte d'en laisser échapper une seule il employait une grande quantité d'adjectifs, et faisait défiler parfois tout un régiment de synonymes ; il chargeait son style parlé et son style écrit de retouches qui le gâtaient ; une trop grande quantité de coups de pinceau et d'un pinceau trop petit ôte l'effet à une toile ; la minutie du travail nuit à l'unité de l'ensemble. Ajoutez à cela bon nombre de définitions par trop ingénieuses, et quelques-unes même précieuses et rappelant l'hôtel Rambouillet, et l'on comprendra que, déjà mal disposé par les événements politiques pour le jeune et savant professeur, on l'ait épilogué sans pitié. On ne fit pas plus de grâce à l'écrivain ; les articles très remarquables qu'il continuait à donner à la *Bibliothèque universelle* de Genève et à la *Revue suisse* de Neuchâtel étaient vertement et injustement critiqués, car on oubliait le fond pour s'attacher uniquement aux imperfections de la forme. On lui reprochait à la fois ses néologismes, ses termes scientifiques et certains mots qu'on jugeait vulgaires. Et lui, habitué aux libertés presque illimitées que l'allemand laisse aux écrivains, s'en prenait au français des fautes qu'on lui reprochait et l'accusait d'être insuffisant à rendre les idées.

« S'il eût mieux connu la langue qu'il écrivait
« habituellement, dit M. Renan, il eût vu qu'elle
« peut suffire à l'expression de toute pensée,
« même des pensées les plus étrangères à son
« ancien génie, et que si dans la transfusion
« elle laisse tomber quelques détails, ces détails
« étaient justement des superfétations qui empê-
« chent la pensée nouvelle de revêtir le caractère
« universel. Amiel n'était pas complètement maî-
« tre de son instrument. N'en connaissant pas
« toutes les notes il le jugeait inapte à rendre cer-
« tains sons ; il le faussait alors avec impatience ;
« il eût mieux fait de le bien étudier [1]. »

Cela était vrai, mais pour étudier cet instrument difficile il ne suffisait pas de lire les auteurs, il aurait fallu vivre quelque temps à Paris ; or

---

[1] *Journal des Débats*, 30 septembre 1884.

nous avons vu que la France attirait peu le jeune philosophe.

Cependant en 1852 il profita des vacances pour y aller voir les hommes et revoir les choses; mais pas plus qu'à son premier voyage il ne fut charmé des Français. Il rendait justice à leur esprit vif et prompt, à leur sentiment esthétique, à leur politesse, à leur grâce, mais il les trouvait frivoles, superficiels, ne songeant qu'à paraître, sacrifiant tout à l'effet. Les voyant très sociables, il décida un peu légèrement qu'ils n'avaient point de vie de famille, et leur facilité de badinage lui fit supposer qu'ils n'avaient ni sérieux, ni profondeur, ni conscience. Peut-être y avait-il un peu de leur faute dans cette impression qu'ils lui faisaient; le mot de Louis XIV à propos de son neveu d'Orléans peut s'appliquer au peuple français : « un fanfaron de vices » il est souvent cela, et tandis que d'autres peuples mettent en avant des vertus qu'ils n'ont pas, lui, dérobe les siennes avec une pudeur jalouse. Ce sont deux hypocrisies, mais à tout prendre celle des Français est préférable, et s'il est plus avantageux de paraître meilleur qu'on ne l'est, il est assurément plus digne d'être meilleur qu'on ne le paraît.

Avec toute sa sagacité, Frédéric Amiel se prit trop à cette apparence, et ne sut pas découvrir tout ce qu'il y avait de noble et d'excellent sous ce voile de frivolité.

Les femmes lui plurent moins encore. Accoutumé à la passivité, à l'effacement des Allemandes en face des hommes, comme aussi à leur exaltation sentimentale, il fut presque scandalisé de l'activité des Françaises et choqué de leur froideur en matière de sentiments. Il décida qu'elles manquaient de tendresse, qu'elles n'avaient pas de vie intérieure ; et les voyant tenir hôtel, boutique ou bureau, il en conclut, non pas à leur courage qui ne veut point laisser tout le fardeau de la famille sur les épaules du mari, mais à leur esprit ambitieux, à leur goût de domination. Bref il fut injuste, et quoiqu'il retournât plusieurs fois à Paris, il n'y resta jamais assez longtemps pour reviser son premier et trop rapide jugement. Il y fit cinq ou six voyages, mais il n'y passa pas même cinq mois en tout ; était-ce assez pour bien voir et pour tout comprendre ?

Les célébrités parisiennes ne l'enchantèrent point. Il trouva Lamennais ignorant du droit historique et du droit au sens philosophique du mot; peu sympathique, « sentant l'odeur d'église aigrie. » Victor Cousin lui parut plus ministre que philosophe, « conciliant les choses non les idées, mais « ayant pour l'Allemagne une antipathie clair-

« voyante. » Émile de Girardin l'intéressa davantage ; il disait de lui que c'était un homme d'action qui n'écrivait que par pis aller et il le caractérisait « le gamin de Paris parvenu à la puissance de pu- « bliciste et gardant toutes ses qualités dans ce « rôle si élevé. » Il goûta Sainte-Beuve, le causeur inépuisable « avec qui on eût pu s'entretenir douze « heures de suite allant de fleurs en fleurs et de « talent en talent ; » les historiens Mignet et Thierry lui inspirèrent le respect qui s'attache à un noble caractère joint à un beau génie, et Béranger lui parut avec sa simplicité, sa franchise, sa finesse et son haut bon sens « une merveilleuse personni- « fication du vieil esprit national [1]. »

Cependant ces visites à des personnages célèbres, qui tous l'avaient accueilli avec bienveillance, ne l'avaient point satisfait ; il n'avait rien trouvé à admirer complètement et c'était là son amertume. « Je cherchais avec désolation, nous disait-il, « quelle grande âme, quel digne et honnête carac- « tère, quel génie vertueux je pouvais entourer de « ma vénération, prendre pour type et pour phare,

---

[1] Dans la visite que le jeune professeur faisait au vieux poète il fut question de Marc Monnier, qui était allé voir Béranger quelques semaines auparavant et « qui lui avait laissé l'impression d'un garçon qui ferait quelque chose. »

« je n'en trouvais point chez ces hommes puissants
« dans la politique ou illustres dans les lettres ;
« c'étaient les historiens Mignet et Thierry et
« les protestants qui se rapprochaient le plus de
« l'idéal que je m'étais fait du grand homme véri-
« table. »

M. de Pressensé était trop jeune alors pour que notre philosophe pût ressentir pour lui cette vénération dont il aurait voulu entourer quelque être d'élite, mais il l'aimait infiniment et l'enviait un peu. « Je le trouvais singulièrement heureux, nous
« a-t-il dit souvent, heureux par sa position, par
« son mariage, par son caractère ; il joignait à un
« esprit sérieux une imagination brillante ; il avait
« l'ardeur et la profondeur morale, l'âme et le
« talent réunis, l'intelligence des mouvements se-
« crets de la société, et il voyait plus profond que
« les Parisiens y compris Sainte-Beuve ; plus pro-
« fond aussi que les autres protestants. »

En somme le résultat de ce voyage ne lui fut pas désavantageux ; il disait qu'après avoir vu les Parisiens il avait acquis le sentiment de sa force et de ses avantages. Avantages de sa position, de ses facultés, de ses voyages, même de sa résidence hors de France qui lui laisserait plus d'originalité et lui permettrait d'échapper à la dispersion de la conversation continuelle. Il réussirait peut-être moins mais il pouvait davantage, il était plus libre de pensée et d'horizon.

« Quel beau cadre que celui où vous écrivez tous, nous disait, il y a peu de temps, le moraliste aimable, le conteur ingénieux et délicat, spirituel et sensé qui porte le pseudonyme de Stahl, vous pourriez n'avoir que nos qualités et pas un de nos défauts. » Il est vrai, sur les bords du Léman, on échappe sans peine aux défauts français, mais non hélas ! aux défauts genevois, Frédéric Amiel l'apprit à ses dépens.

Ce voyage à Paris l'avait donc réconcilié avec Genève. Il faut bien dire qu'en dépit des blessures qu'une critique malveillante avait faites à son amour-propre, il n'était pas trop malheureux dans son pays. En attendant qu'il se créât un foyer, ce qui, semblait-il, ne pouvait manquer d'arriver bientôt, il habitait chez sa sœur Mme G*** dont l'aimable douceur et la tranquille raison avaient un grand charme pour lui ; deux petits neveux étaient venus donner de l'occupation à sa tendresse pour les enfants ; sa jeune sœur Laure l'intéressait par son esprit original et sa riche imagination. Son beau-frère le pasteur G***, pour avoir un caractère diamétralement opposé au sien, n'en était pas moins un homme de mérite avec qui on pouvait causer sinon s'entendre toujours. Il avait retrouvé ses anciens amis ; ceux mêmes chez qui les événements auraient pu excuser un peu de mauvaise humeur ne lui témoignaient que bon vouloir et cordialité. Une société philosophique s'était formée ; il en était, cela va sans dire, et il rencontrait chez M. Ed. Scherer, où se tenaient les réunions, M. Ernest Naville, M. Élie Lecoultre, MM. André et Victor Cherbuliez, toutes intelligences dignes de la sienne, et avec lesquelles il pouvait se livrer à ses joûtes favorites. Il était là dans son élément, et il jouissait plus encore quand ces pacifiques combats se poursuivaient à ciel ouvert dans ces belles promenades du jeudi dont le souvenir a inspiré une page charmante à M. Scherer. Nous trouvons dans le premier volume du *Journal intime*[1] à la date du 10 février 1853 :

« J'ai fait cet après-midi une excursion au Sa-
« lève avec mes meilleurs amis : Charles Heim,
« Edmond Scherer, Élie Lecoultre, Ernest Naville.
« La conversation a été des plus nourries et nous
« a empêchés de prendre garde à la boue profonde
« qui gâtait notre chemin. C'est surtout Scherer,
« Naville et moi qui l'avons alimentée. La liberté
« en Dieu ; l'essence du christianisme ; les publi-
« cations de philosophie, tels ont été nos sujets de

---

[1] Page 68.

« conversation. Le principal résultat pour moi a
« été un excellent exercice de dialectique avec de
« solides champions..... Ce qui m'a charmé le plus
« dans cette longue discussion, c'est le sentiment
« de la liberté. Remuer les grandes choses sans en
« être fatigué, être plus grand que le monde, jouer
« avec sa force, c'est le bien-être de l'intelligence
« et la fête olympique de la pensée. *Habere, non
« haberi.* Un bonheur égal, c'est le sentiment de
« la confiance réciproque, de l'estime et de l'ami-
« tié dans la lutte ; comme les athlètes, on s'em-
« brasse avant et après le combat, et le combat
« n'est que le déploiement des forces d'hommes
« libres et égaux. »

On le voit, si beaucoup de gens s'étaient retirés de lui, les bonnes et fidèles amités lui restaient et son cœur autant que son esprit avait son aliment.

De nouvelles relations s'étaient ajoutées aux anciennes ; il voyait le poète humoristique Petit-Senn, toujours charmé qu'on louât ses vers, quoiqu'il semble qu'un long succès eût dû le blaser un peu sur les applaudissements, l'élégiaque Blanvalet qu'il avait connu à Naples, revu à Francfort, qu'il retrouvait revenu définitivement dans sa ville natale, et qui était fort gai dans la vie s'il était fort triste dans ses vers, le peintre Hornung dont il admirait le talent et dont il aimait l'entrain et la bonhomie joviale, le fils aîné de celui-ci, professeur de droit, homme d'une vaste érudition, d'un esprit original et bienveillant, d'un cœur affectueux, et qui devint un de ses meilleurs amis, bien d'autres encore y compris Marc Monnier, son petit élève de Naples, qu'il retrouvait étudiant à l'Académie.

Marc Monnier n'était plus du tout l'enfant chétif et gauche, la *flûte de porcelaine* de 1842 ; c'était un jeune homme solide et bien pris dans sa petite taille, les traits réguliers, le profil élégant, le regard bleu et pétillant, une belle barbe d'un blond chaud qui le faisait paraître de quelques années plus âgé, toute l'apparence d'une santé robuste, beaucoup de bonne humeur et d'entrain ; déjà connu par ses très jolis vers et sa prodigieuse facilité d'improvisation, ayant des accointances dans le monde parisien, et une foi absolue en son étoile.

Le jeune maître et son ancien élève se revirent avec un très vif plaisir, et se lièrent autant que pouvait le permettre la différence de leurs âges, de leurs caractères et de leurs esprits. Frédéric Amiel admirait cette facilité brillante et cette confiance en soi-même ; Marc Monnier avait un respect profond pour la belle intelligence du jeune professeur et son vaste savoir, et il avait peine à comprendre qu'ainsi pourvu il n'eût pas plus de sûreté et d'aplomb. Il le blâmait fort de cette timidité qui est le principal obstacle au succès. Voici une lettre qu'il lui écrivait le 7 octobre 1850, et qui marque très bien la différence de ces deux hommes distingués. Le professeur Amiel venait de faire un travail de critique littéraire très étudié sur un roman psychologique[1] qui l'avait vivement intéressé; il désirait présenter cet article à la *Revue des Deux Mondes*, il en avait parlé à Marc Monnier qui d'abord lui avait indiqué certains intermédiaires, et qui lui écrivait le lendemain :

« J'ai réfléchi à votre article et je me trouve stu-
« pide de vous avoir conseillé des détours pour abor-
« der la *Revue des Deux Mondes*. Cette rouerie
« stratégique est bonne pour moi, pauvre débutant
« qui faute d'imposer en impose. Mais armé comme
« vous l'êtes on attaque de front. Présentez-vous
« tout net à la rédaction en écrivant au rédacteur :
« Monsieur, j'ai lu un bon livre, un livre sérieux,
« profond, fouillant ferme au fond de l'âme ; ces
« livres-là sont rares et quand on les trouve sur
« son chemin on les recueille et on les montre. J'ai
« recueilli celui-là, je veux le montrer, je vous

---

[1] *Jeanne de Vaudreuil*, publié sous l'anonyme. L'auteur était la fille de M. Lutteroth, fondateur du journal religieux *Le Semeur*. Elle était fort jeune quand elle écrivit ce livre remarquable. Un peu plus tard elle épousa M. Waddington et mourut bientôt, en 1852, croyons-nous.

« l'exhibe. Je vous ai fait un article étudié, écrit,
« digne du roman (n'ayez pas peur, ça se dit)
« j'attends de vous que vous l'imprimiez. » Remar-
« quez cette dernière phrase ; il faut que dans le
« style de votre épître il y ait un peu d'assurance,
« la timidité ne vous siérait pas, elle me sied à moi,
« peut-être parce que je n'en ai pas. Et signez en
« toutes lettres Henri-Frédéric Amiel professeur à
« l'Académie de Genève. Je vous réponds que vous
« serez reçu à bras ouverts [1]. »

La *Revue des Deux Mondes* aurait-elle été aussi hospitalière que le jeune Marc Monnier paraît le croire? nous n'en savons rien, car la démarche ne fut point faite, et l'article sur Jeanne de Vaudreuil fut tout bonnement publié dans la *Revue suisse* de Neuchâtel. Le jeune professeur continua de faire paraître, soit dans cette revue, soit dans la *Bibliothèque universelle,* quelques études littéraires, quelques poésies et, sous le titre collectif de *Tablettes d'un pèlerin*, des pensées qu'il tirait de son journal.

[1] Dans cette même lettre, Marc Monnier parle de la *Gabrielle* d'AUGIER que son ami Amiel lui avait prêtée : « Une excellente comédie à laquelle je n'ai qu'une chose « à reprocher, c'est de ne m'avoir pas attendu pour naître. « Je donnerais bien quelque chose de bon pour l'avoir « faite. Enfin ! »

Écrire son journal et faire des vers, c'était, après l'énorme travail de préparation qu'il s'imposait pour ses cours, son plus agréable délassement.

V

Au 1ᵉʳ janvier de 1854 — l'année qui devait voir marier sa sœur Laure avec le docteur S***, une des célébrités médicales de Genève — il offrait à ses amis un volume de deux cents pages modestement intitulé *Grains de Mil,* où il avait réuni quelques-unes de ces petites choses écrites aux heures de loisir : « Publication faite à la diable, nous écri-
« vait-il en 1870 en nous l'envoyant, et où je vou-
« drais pouvoir retrancher bien des choses. » Ce qu'il faudrait retrancher ce sont les poésies qui, à l'exception de deux ou trois, ont peu de relief et d'originalité, et ne sont guère que des réminiscences des poètes alors célèbres, en particulier de Béranger ; mais si les vers sont insignifiants, on n'en saurait dire autant des cent pages de prose qui forment la seconde partie du recueil.

On a fait beaucoup de bruit autour des deux volumes posthumes, et dit très haut que c'était une révélation. Pour Paris, où le professeur Amiel n'était nullement connu, cela est vrai, mais non pour Genève. Tous ceux qui avaient lu ces cent pages étaient parfaitement au clair avec l'auteur, et savaient ce qu'il valait ; les deux volumes du journal n'avaient rien à leur apprendre.

La prose des *Grains de Mil,* tirée aussi du *Journal intime* et où les éditeurs des œuvres posthumes ont repris plusieurs morceaux, ne le cédait en rien à ce qu'on nous a donné récemment. Peut-être même le ton en était-il plus varié.

On y trouvait des pensées comme celles-ci :

« L'homme n'est que ce qu'il devient, vérité
« profonde ; l'homme ne devient que ce qu'il est,
« vérité plus profonde encore. »

« Une erreur est d'autant plus dangereuse
« qu'elle contient plus de vérité. »

« On ne peut se faire que peu d'amis, même en
« y mettant beaucoup de soin, tandis qu'on peut
« se faire infiniment d'ennemis sans presque y
« prendre garde. »

« L'illusion peut avoir raison contre l'expérience,
« car l'illusion est le pressentiment d'une grande
« vérité et l'expérience la possession d'une petite. »

« La pensée sans infini et la vie sans infini, c'est
« comme un paysage sans ciel : on y étouffe. »

Des remarques très fines et un peu mordantes, prouvaient que le doux penseur aurait su être un satirique s'il l'avait voulu :

« Parlez-moi de l'ignorance pour délier la lan-

« gue et de la sottise pour faciliter le jugement !
« On n'est jamais plus affirmatif que lorsqu'on a
« moins le droit de l'être; et si les riches d'esprit
« sont économes, les pauvres sont toujours pro-
« digues. »

La nature tenait dans ces pages une large et belle place. Voyez ces deux tableaux, l'un du commencement de l'automne, l'autre de la fin de l'hiver :

« Ravissante après-dînée ! Paysage d'automne
« éblouissant et tendre, lac de cristal, lointains
« purs, air doux, monts neigeux, feuillages jaunis,
« ciel limpide, calme pénétrant, rêverie des der-
« niers beaux jours. Je ne pouvais m'arracher de
« cette terrasse. Deux cygnes jouaient sur l'onde
« transparente et, plongeant l'un après l'autre,
« s'enveloppaient d'anneaux onduleux et concen-
« triques. Quelques bateaux au loin rayaient d'ar-
« gent le miroir bruni des eaux. Tout respirait la
« langueur caressante et l'éclat charmant de la
« beauté qui s'éloigne et qui pour prolonger son sou-
« venir charge son dernier regard de tout le ma-
« gnétisme de l'amour. »

« Aujourd'hui, 1ᵉʳ février, le temps a été admi-
« rablement beau et, comme l'auteur du *Voyage*
« *autour de ma chambre*, j'ai beaucoup voyagé de
« ma fenêtre. Armé d'une longue-vue, mon œil
« s'est promené dans toute l'étendue du vaste cir-

« que de montagnes qui entoure Genève. Plaines et
« côteaux, gorges et cimes, villas endormies et
« villages éveillés, terre et ciel, lac et rivages, j'ai
« tout exploré par toutes les issues, et discerné des
« détails infinis et charmants. Les microscopiques
« tableaux enfermés dans le cercle de ma lunette,
« brillants comme ces paysages qu'on peint sur
« l'émail des bijoux, déliés et purs comme les ner-
« vures qui s'entrelacent sur l'aile de gaze des
« libellules, nets comme le travail du burin,
« m'émerveillaient par leur grâce, et, sans pouvoir
« m'en rassasier, je crois être involontairement
« remonté trois fois dans la mansarde pour en
« jouir. Le Mont-Blanc, drapé dans sa robe de
« nacre, veinée de lapis et de rose, semblait assis-
« ter, roi paisible, à ce spectacle qu'il dominait de
« sa sereine majesté. Miroir à peine ondé par une
« légère brise du nord, le lac, d'une fraîcheur toute
« printanière, se déroulait à petits plis coquets
« entre la Suisse et la Savoie. Loin, bien loin, rê-
« vait dans une brume bleuâtre je ne sais quel
« village vaudois surmonté de son clocher. A tra-
« vers les rideaux d'arbres sans feuillage, je dis-
« tinguais des chaloupes légères gonflant le trian-
« gle de leurs voiles latines, et des brigantines aux
« mâts verts, à la noire carène, au blanc éperon,
« sillonnant avec l'aide des rames, la vague froide
« et claire. Les aiguilles étincelantes des Alpes,

« les roches pelées du Salève, les pentes neigeuses
« et solitaires du Jura, dont les sombres sapins
« varient seuls la monotonie, formaient le cadre
« immobile de cette nature d'hiver. La lumière en
« faisait la beauté, les ombres lui donnaient du
« caractère, et la vibration atmosphérique autour
« des masses frappées par le soleil, rochers ou édi-
« fices, lui communiquait en quelque sorte la pal-
« pitation de la vie. — Un clair de lune à éteindre
« presque toutes les étoiles est venu couronner
« cette brillante journée par une riante nuit. Au
« bout de ma lunette, la lune aussi qui approchait
« de son plein, prit un nouvel aspect. Quittant la
« forme du disque pour celle de la sphère, elle
« m'apparut comme un aérostat glorieux, brillant
« dans la nuit d'une lumière intérieure et voguant
« en silence, vers un but inconnu, dans les champs
« bleus de l'espace étoilé. Ah! pendant que nos
« yeux voient, que notre cœur sent, que nous
« sommes jeunes et que la maladie n'assombrit
« pas pour nous le ciel, regardons, sentons, admi-
« rons et n'amoindrissons pas, par négligence, no-
« tre part de bonheur! »

Peu de paysages dans les deux volumes posthumes sont plus gracieux et plus sensibles que ceux-là, et on n'y trouve rien qui ressemble à ces lignes charmantes :

« Une amie d'enfance! chose fraîche et poéti-

« que ! amitié toujours un peu émue, protection
« toujours un peu tendre ; attachement qui unit
« l'intérêt chaste de la fraternité à la grâce pi-
« quante et idyllique d'une amourette ; qui fond le
« charme du souvenir avec l'attrait de la nou-
« veauté ; qui permet de serrer la main quand on
« voudrait baiser la joue, et maintient les cœurs
« sur la limite indécise et virginalement charmante
« d'une affection demi-éclose et demi-contenue !
« C'est le bouton de la rose et l'ébauche furtive
« de l'amour. »

Les jugements littéraires y sont assez nombreux ; les éditeurs ont donné ce qui concerne Tocqueville, Schleiermacher et Vinet, mais ils ont négligé cette piquante appréciation de Montesquieu :

« Je ne puis bien rendre encore l'impression que
« me fait ce style singulier, d'une gravité coquette,
« d'un laisser aller si concis, d'une force si fine, si
« malin dans sa froideur, si détaché en même temps
« que si curieux ; haché, heurté comme des notes
« jetées au hasard, et cependant *voulu*. Il me semble
« voir une intelligence sérieuse et austère par na-
« ture s'habillant d'esprit par convention. L'auteur
« désire piquer autant qu'instruire. Le penseur est
« aussi un bel esprit, le jurisconsulte tient du petit-
« maître et un grain des parfums de Gnide a péné-
« tré dans le tribunal de Minos. C'est l'austérité

« telle que l'entendait le XVIIIme siècle. Dans Mon-
« tesquieu, la recherche, s'il y en a, n'est pas dans
« les mots, elle est dans les choses. La phrase court
« sans gêne et sans façon mais la pensée s'écoute. »

Cette page sur Schiller et Gœthe est bien intéressante aussi :

« En achevant les correspondances de *Schiller*
« *avec Humboldt* et de *Gœthe avec Zelter*, je suis
« frappé de bien des choses : de l'absence d'esprit
« religieux chez les deux grands poètes allemands,
« du manque d'instruction de Schiller, de la sè-
« cheresse de Gœthe, du déplacement et de l'élar-
« gissement de l'horizon intellectuel d'alors. On
« sent un autre âge et d'autres hommes, et le
« monde a marché. L'absence de religion donne au
« sérieux de ces deux grands hommes quelque chose
« de superficiel. Le manque de faits, de réalité, de
« base, rend parfois les idées de Schiller tranchantes
« et fragiles comme l'abstraction. Gœthe reste
« étranger à l'histoire, et toutes les luttes de son
« pays, tous ses malheurs, de 1800 à 1815, ne lui
« arrachent ni un soupir ni une réflexion. L'égoïsme
« a été l'étroitesse de cet esprit si large, et, par une
« juste punition l'a rendu incomplet et petit par un
« côté. Initié à la vie de la nature et à la vie de
« de l'individu, Gœthe ne comprend pas la vie his-
« torique, l'évolution des peuples. Et quels pas de

« géant ont faits toutes les sciences de la nature et
« de l'intelligence depuis le cénacle de Weimar !
« Comme le point de vue du siècle a changé ! comme
« notre univers physique et moral est plus complexe
« et plus riche ! Mais c'est encore Schiller qui nous
« comprendrait le mieux. »

Il nous semble aussi qu'on aurait dû nous donner cette appréciation d'Horace :

« Horace m'apparaît comme le poète littérateur,
« l'homme au goût délicat, ingénieux orfèvre de
« langage, ayant bien l'esprit de son état avec
« d'heureuses réminiscences républicaines qui sont
« même senties, mais par goût et nature plutôt un
« épicurien malin et sceptique, et par position un
« courtisan aimable et adroit. On sent trop chez
« lui la dextérité, l'art, l'habile homme. Tout y est
« exquis et étonnant, mais il n'y a pas de franche
« inspiration, de sentiment chaud et vrai, de verve
« ni d'enthousiasme. En d'autres termes, Horace
« a de l'esprit non du génie, de la sagacité et non
« du caractère. Il fourbit admirablement la sen-
« tence, il burine en perfection le détail et le vers,
« mais il n'invente guère que la forme. Prodigieux
« dans la miniature, d'un talent merveilleusement
« preste et délié, sa poésie reste néanmoins une
« grâce et ne devient pas une puissance. Elle a
« quelque chose de factice ; on y sent la création

« d'emprunt, le fini des œuvres de seconde main.
« J'aime mieux Béranger avec lequel il offre des
« rapports, mais qui a plus de *cœur* que lui. Voilà
« bien le mot : Horace manque un peu de cœur.
« Or la sensibilité est la première qualité du
« poète. L'imagination, le style, l'art ne viennent
« qu'après.

« Avec toutes leurs beautés, les poètes anciens
« ne peuvent décidément plus nous suffire. Il leur
« manque un sens, le sens des modernes, le sens
« spirituel, le sens de l'infini. Leurs horizons nous
« étouffent, leur morale nous est trop mesquine ;
« ils n'ont rien à dire à nos besoins les plus pres-
« sants, les plus sérieux, les plus poétiques. *Leur*
« *homme n'est plus le nôtre*. On reconnaît que le
« monde a changé, qu'un rideau a été tiré. Leur
« homme n'est pas devenu *faux*, mais il est *in-*
« *complet*, il n'est qu'une partie de l'homme de nos
« jours. Il se retrouve tout entier en nous, mais non
« pas nous tout entiers en lui. En un mot l'homme
« moderne et sa poésie *renferment* l'homme et la
« poésie antique, et les *débordent*. D'eux à nous il
« y a eu métamorphose ascendante. »

Quant à cette page sur les talents de Satan, qu'on nous permette de la transcrire encore, car l'auteur l'aimait tout particulièrement, et lui, si rarement content de ce qu'il écrivait, la jugeait excellente, et quand il lui arrivait de la relire, souriait avec satisfaction :

« Satan est poète : chaque tentation le prouve.
« De quelles fleurs enchantées ne pare-t-il pas le
« chemin de l'abîme ? Quelle puissance merveil-
« leuse de prestige, d'illusion, d'idéalisation ne
« déploie-t-il pas pour dissimuler, masquer et trans-
« former le mal, et pour embellir de toutes les
« grâces du ciel les spectres grimaçants de l'enfer ?
« Comment s'expliquer autrement la prodigieuse
« différence d'aspect d'un même acte avant et après
« la faute ? Connaissance suprême des mystères de
« de l'art, conception profonde, disposition savante,
« fécondité de ressources, verve inépuisable, magie
« du coloris, finesse, malice, rien ne manque à son
« incomparable talent. Reconnaissons-le, Satan est
« un grand poète ; il serait même le plus grand de
« tous si l'amour n'existait pas. Déjà le second dans
« la poésie, pour l'éloquence Satan est le premier.
« Dans l'art d'endormir le soupçon et d'éveiller la
« sympathie, de rassurer la timidité et de flatter
« l'orgueil, d'éblouir l'imagination par l'éclat,
« d'entraîner l'esprit par l'audace, d'enlacer le
« cœur par l'ivresse, d'étourdir la conscience par
« la subtilité, Satan est sans rival. Changeant
« comme le caméléon, souple comme Protée, mo-
« bile comme Maïa, il sait revêtir toutes les formes,

« prendre tous les tons, jouer de tous les instru-
« ments et faire vibrer en chacun la corde secrète.
« Renard et lion, sphinx et serpent, il rôde, furette,
« explore, sait découvrir tous les passages et, dé-
« mon invisible, par la cheminée ou la fenêtre, par
« la porte ou la serrure, il s'insinue dans chaque
« citadelle. Sagacité et patience, hardiesse et ruse,
« il a tout pour lui. Stratège consommé, enjô-
« leur irrésistible, charmeur maudit, magnétiseur
« damné, langue dorée, ange aux traits séduisants,
« armé de tous les avantages et de toute la science
« de l'attaque, enfin connaissant le cœur de l'homme.
« aussi bien et presque mieux que Dieu (dont les
« yeux sont trop purs pour voir le mal), ce n'est
« pas à tort qu'il a été appelé de ce nom terrible,
« hommage rendu à sa puissance : le Tentateur ! Il
« faut l'avouer, dans l'art de persuader, Satan tient
« le sceptre, il est le roi des orateurs.

« Et penser que chaque cœur d'homme renferme
« en soi cet artiste de perdition, poète diabolique
« et orateur infernal ! On ne comprend que trop les
« terreurs des ascètes et les hallucinations du moyen
« âge. »

Nous n'en finirions pas si nous voulions citer tout ce qu'il y a d'ingénieux et de profond, de sérieux et d'aimable dans ces belles et charmantes pages qui n'avaient d'autre tort que de suivre des vers médiocres. Si l'auteur, comme le lui conseillait M. Scherer, avait donné un volume entier de ces fragments de journal, et non de cent pages mais de trois cents, étendue habituelle des volumes littéraires, il aurait obtenu sans nul doute le succès auquel il avait droit. Mais il eût fallu, bien entendu, que l'ouvrage fût présenté au public par un éditeur de la grande ville, car en outre de l'avantage d'être connu en France, il eût été bien plus apprécié à Genève. En dépit de leur orgueil national, les habitants de la ville de Calvin ont la superstition de la ville de Voltaire plus que les Parisiens eux-mêmes ; un auteur genevois retour de Paris, c'est comme le bordeaux retour des Indes, il se voit tout aussitôt mettre à haut prix. Malheureusement le judicieux conseil de l'éminent critique ne fut pas suivi, et la célébrité fut ajournée pour Frédéric Amiel jusqu'au temps où, hélas ! elle ne pourrait plus réjouir son cœur.

L'aimable cadeau de *Grains de Mil* fut très froidement reçu ; mais tout profite aux belles âmes; les déceptions de leur amour-propre tournent à l'avantage de leurs vertus; loin de s'aigrir, Frédéric Amiel se sentit encore plus bienveillant, plus disposé à rendre justice à tout mérite et à dire au public le bien qu'il pensait des œuvres de ses compatriotes; il commença dès lors l'apprentissage de l'abnégation qu'il pratiqua toujours et de plus en plus, et qui au déclin de son âge lui faisait écrire cette belle poésie, *le Puits au désert :*

Notre vie à vingt ans est la verte savane
      Où tout est fraîcheur et concert ;
Mais vient l'affreux simoun qui tout brûle et tout fane :
Le souffle des méchants et leur rire profane.....
      L'oasis se change en désert.

Comme un sable mouvant, la vaste indifférence
      Cerne, oppresse, étouffe le cœur ;
Adieu candeur, amour, idéal, espérance !
Divine illusion convertie en souffrance,
      Séchez-vous, le monde est vainqueur.

Ou plutôt, filet d'eau, source presque tarie,
      Qui te meurs dans un Sahara,
Fais mieux, recueille-toi ; de ton onde amaigrie
Ranime d'un palmier la racine flétrie,
      Et ce palmier du moins vivra [1].

En 1856 il saisit l'occasion d'une publication [2] de M. Adolphe Pictet pour rendre un éclatant hommage à son ancien maître :

« Nous ne connaissons pas toutes nos richesses,

---

[1] *Jour à Jour*, p. 263.

[2] L'ouvrage que nous avons déjà nommé : *Du beau dans la nature, l'art et la poésie.*

« disait, il y a quelque mois, la *Revue suisse*. Que
« ce mot est vrai ! Il y a parmi nous un homme dont
« le nom a depuis trente ans franchi les monts et
« les mers, qui est cité de Calcutta à Édimbourg,
« et regardé à Berlin, à Londres, à Paris comme
« une autorité dans trois ou quatre des branches
« les plus inaccessibles de la science humaine ; un
« homme d'une capacité singulière et d'abord peu
« définissable, qui réunit comme en se jouant
« les compétences les plus diverses, qui peut
« rendre des points à MM. de la Villemarqué et
« O'Donovan pour le breton et le gaélique, à
« M. Guigniaut pour les mythologies et la symbo-
« lique, à M. de Rougemont et à feu M. de Stuhr
« pour les antiquités de l'humanité primitive, à
« MM. de Rémusat et Barchou de Penhoën pour
« l'intelligence des philosophies spéculatives de
« l'Allemagne, à M. Eichhoff pour la philologie
« comparée, à M. Pott pour les étymologies de
« la famille indo-européenne, à M. Benfey pour le
« sanscrit, à M. Philarète Chasle pour l'histoire
« générale des littératures..... Cet homme excep-
« tionnel et même un peu étrange, d'un esprit
« si ferme et si varié, si fin et si vaste, est né à
« Genève ; il vit à Genève ; il est d'une famille dont
« le nom a été et est encore illustré par des hom-
« mes qui ont marqué dans la science genevoise et

« dans la science en général. Il paraît avoir tout
« pour lui, et pourtant je ne crois pas être hors
« du vrai en disant qu'il est infiniment moins connu
« dans son pays qu'il n'aurait droit à l'être, et que
« l'opinion publique distraite et préoccupée pour ne
« pas dire insouciante n'a pas encore mis cette
« réputation à son rang. Pourquoi M. Adolphe
« Pictet qui n'est pas seulement savant mais in-
« ventif dans toutes les directions et dont les tra-
« vaux, presque tous d'une haute visée, ont par
« un privilège assez rare touché le but et résolu
« quelque difficile problème, pourquoi cette per-
« sonnalité éminente est-elle, je ne dis pas moins
« vantée, consultée ou admirée, mais moins connue
« d'un bon nombre de nos concitoyens que vingt
« renommées bien moins solides et plus loin-
« taines?

« Ne serait-ce pas un peu sa faute?

« M. Pictet a deux torts. Le premier c'est d'être
« né chez nous. Chacun sait que la renommée est
« affaire de perspective, que l'œil, comme dirait
« Joseph de Maistre, ne voit pas ce qu'il touche,
« que le respect, selon Tacite, a besoin de distance,
« et que par conséquent il est naturel, depuis
« comme avant l'Évangile, que nul ne soit pro-
« phète en son pays. L'autre tort de M. Pictet, c'est
« de dérouter le public à plaisir. Sa quasi univer-

« salité désoriente. L'unité de mesure semble
« manquer. Ses paroles ont beau être claires ; lui-
« même paraît un sphinx. Or le public qui n'est
« point un Œdipe, s'éloigne quand il rencontre une
« énigme. D'ailleurs il faut avouer que M. Pictet a
« négligé toutes les petites habiletés de la glo-
« riole, et même que, suivant la malice recom-
« mandée par le subtil américain Edgar Poë dans
« sa *Lettre volée*, il a, sur l'album de nos réputa-
« tions courantes, écrit son nom en caractères trop
« déliés et trop étendus pour que le lecteur à son
« point de vision ordinaire puisse le rassembler en
« syllabes. Et c'est ainsi que la grandeur relative
« des intelligences, la portée des hommes et la va-
« leur des renommées se brouillent dans le présent,
« et pour la masse des spectateurs, lesquels com-
« mencent toujours naturellement par croire la
« lune plus grosse qu'une étoile et souvent meurent
« dans cette conviction [1]. »

Peut-être, en écrivant ces lignes, notre auteur n'était-il pas sans faire un retour sur lui-même : « Nul n'est prophète en son pays » il en avait déjà l'expérience personnelle, et il sentait aussi que l'universalité est un piège, et que ce qui d'abord semble une force peut devenir une faiblesse. Littérateur,

[1] *Bibliothèque universelle*, 1856.

moraliste, psychologue, esthéticien, philosophe, même un peu théologien, il aurait pu tirer parti de ses richesses et faire une œuvre. Bien des sujets l'attiraient, bien des titres lui ont souri : l'art de la vie ; le génie de la France ; la société nouvelle ; les malentendus ; la cité de l'homme-dieu ; le génie des races ; la liberté de l'homme ; la philosophie de l'histoire ; la philosophie des religions. Il se demandait plus tard : « Pourquoi n'ai-je rien fait ? » La question qu'il feignait de se poser, il en avait la réponse : l'obstacle était dans son universalité même. Quand tout intéresse également, par quoi commencer ? quelle raison déterminante de faire ceci plutôt que cela ? que devient l'âne de Buridan entre cette infinité de seaux d'eau et de bottes de foin ?

De tous les artistes de la Renaissance aucun ne l'intéressait autant que Léonard de Vinci, le le plus grand de tous à ses yeux, parce qu'il était le plus universel ; mais il oubliait que si cet homme merveilleux fit bon nombre de choses, et les fit bien, il fut cependant surtout peintre, et que c'est par là qu'il a vécu. On peut tout étudier, on peut s'exercer à tout, mais s'agit-il de produire il faut choisir entre ses facultés la faculté maîtresse, sous peine de n'être qu'un dilettante. Cette difficulté pour Frédéric Amiel de choisir parmi les œuvres importantes qu'il pouvait entreprendre le rejetait toujours dans la poésie.

La muse qu'il servait si fidèlement lui devait bien un succès, elle le lui donna enfin.

Au début de l'année 1857 un nuage s'éleva entre la Suisse et la Prusse à propos des affaires de Neuchâtel. La Suisse placée sous le coup d'un ultimatum impérieux arma résolument pour sa défense. Ce mouvement national fut très beau d'unanimité ; notre poète, animé de l'enthousiasme général, composa ou plutôt improvisa un chant patriotique, musique et paroles, qu'il avait intitulé *La guerre sacrée*, mais qui est beaucoup plus connu sous le titre de *Roulez tambours !* Qu'on nous permette de le donner ici :

> Rugis, tocsin ! pour la guerre sacrée !
> A l'étranger renvoyons ses défis ;
> Aux armes tous ! Si ta perte est jurée,
> Suisse, on compta sans l'amour de tes fils !
>   Debout ! vallon, plaine et montagne,
>   Schwitz, Appenzell, Hassli, Tessin !
>   L'ouragan noir vient d'Allemagne :
>   Rugis, tocsin !

> Roulez, tambours ! Pour couvrir la frontière,
> Au bord du Rhin, guidez-nous au combat !
> Battez gaîment une marche guerrière ;
> Dans nos cantons chaque enfant naît soldat.

Faites bondir le cœur des braves,
Rappelez-nous les anciens jours ;
Nos monts jamais n'ont vu d'esclaves :
    Roulez, tambours !

Sonnez, clairons ! Le grand fleuve, en son ombre,
De nos bivouacs a réfléchi les feux.
Chez nous, là-bas, sans doute, en la nuit sombre,
Au ciel, pour nous, ont monté bien des vœux.
    Oui, nous veillons sur toi, patrie !
    Remparts vivants, nous te couvrons !
    Dieu voit qui veille, entend qui prie :
        Sonnez, clairons !

Flottez, drapeaux, étendards héroïques,
Où nos aïeux ont inscrit maint beau nom,
Astre de gloire, au ciel des républiques :
Sempach, Næfels et Saint-Jacque et Grandson !
    Sous vos couleurs, saintes bannières,
    Ont combattu tous nos héros ;
    Les fils seront dignes des pères !
        Flottez, drapeaux !

Tonnez, canons ! Voici la rouge aurore !
Au champ d'honneur les moissons vont s'ouvrir !
Jusqu'à la nuit, fauchez, fauchez encore !
O noirs faucheurs, s'arrêter c'est mourir !
    Hourrah ! poussons le cri de guerre,
    Et puis chargeons et foudroyons !
    Pour voix la foudre a le tonnerre !
        Tonnez, canons !

Aigles du ciel, témoin de notre gloire,
A nos cités portez-en les signaux !
Aux quatre vents, de nos cris de victoire,
Prompts messagers, dispersez les échos !
  Salut, grands monts, terre affranchie,
  D'un peuple fier sublime autel !
  Pour Dieu seul notre genou plie,
    Aigles du ciel !

Cloches du soir ! sonnez dans les vallées,
Au bord des lacs, sur le penchant des monts ;
Comme un encens, aux voûtes étoilées,
Faites monter vos tintements profonds !
  Pour qui tomba, cloches aimées,
  Plein de vaillance et plein d'espoir,
  Implorez le Dieu des armées,
    Cloches du soir !

Les vers sont beaux, mais la musique est plus belle : très simple, et par cela facile à retenir, elle est d'un mouvement, d'un élan, d'un brio admirables. C'est une marche qui vous emporte bon gré mal gré ; les petites incorrections mêmes que peut y relever un musicien de profession ajoutent encore à son originalité.

C'était le 13 janvier que notre poète l'avait écrite ; le lendemain on apprenait que le danger était conjuré. Mais *Roulez tambours*, pour n'avoir pas guidé les Suisses au bord du Rhin, n'en devint pas moins le chant national, la Marseillaise helvétique. Il est dans toutes les mémoires et il n'y a si petit enfant commençant à parler qui n'ait du plaisir à répéter cet air simple et vibrant.

Après cette excursion dans le domaine de la poésie patriotique, Frédéric Amiel retourna à ses habitudes de pensée, et en 1858 il fit paraître le petit livre dont nous avons parlé à propos de Florence, *Il Penseroso*[1], poésies-maximes.

En voici la dédicace :

>Cœurs pensifs, âmes inquiètes,
>Vous tous qui dans la vie à pas mal affermis
>Allez, errez, bronchez, je suis ce que vous êtes,
>Je vous connais : salut, amis !
>
>Vous qui recherchant en vous-mêmes
>Le mot de tout secret, la clé de toute loi,
>Du devoir, du bonheur, agitez les problèmes,
>Je viens à vous, accueillez-moi.
>
>Frères d'épreuve et d'espérance
>S'aider à vivre est bon, être compris est doux :
>Je traverse avec vous la joie et la souffrance,
>Je vous aime, m'aimerez-vous ?

---

[1] Cette forme, se rencontrant aussi, quoique moins exacte et moins usitée que celle de *Pensieroso*, l'auteur l'adopta, comme plus coulante, pour le titre de son livre.

Quand M. Scherer nous dit que Frédéric Amiel n'a rien produit pendant sa vie qui ait une véritable valeur, ne fait-il pas un peu tort à un recueil où l'on trouve des pensées comme celles-ci ?

On n'est que ce qu'on croit. A chacun dans ce monde
Comme dans l'Évangile, est fait selon sa foi.
L'audace qui s'affirme est prudence profonde,
Car nul n'a confiance en qui doute de soi.

L'homme trop circonspect manque sa destinée :
Il dissipe sa vie en rêves indolents,
Il laisse fuir l'instant, le jour, le mois, l'année ;
Puis l'enfant se réveille avec des cheveux blancs.

Dans chaque vie en fleur un ver caché sommeille :
Chagrin, souci, regret ou remords, ver rongeur.
Ouvrez le fruit : hélas ! sous sa rondeur vermeille
Vous retrouvez encore le ver, hôte rongeur.

Un atome dans l'œil, et l'être est misérable !
Un seul point noir au cœur, et l'homme est tourmenté ;
Plus un sens est exquis plus il est vulnérable,
Car la perfection fait la fragilité.

Chaque homme devait être un exemplaire unique ;
Un type original marqua son métal mou ;
Mais le monde use tout de son doigt tyrannique :
Dieu te frappa médaille et tu deviens gros sou.

La patrie est aux lieux où l'existence est pleine,
Où l'on est plus aimé, plus aimant et plus fort;
Où l'on s'élève mieux à la grandeur humaine,
Où pouvant le mieux vivre on craint le moins la mort.

Ah! ne sonde jamais, qu'elle soit humble ou fière
Une âme en lui disant : Belle âme, quelle es-tu?
Le centre du soleil n'est pas de la lumière,
Le fond de nos vertus n'est pas de la vertu.

Fou! qui veut le triomphe et ne veut pas la peine;
Fou! qui voudrait aimer et ne veut pas souffrir;
Fou! qui croit être libre en rompant toute chaîne;
Triple fou, qui veut vivre et ne veut pas mourir!

Rien, pas même un atome en l'immense nature
Ne se perd. L'homme seul est plus prodigue, hélas!
Des jours que nous perdons par négligence pure
On ferait une vie, et nous n'y pensons pas.

Chacun trouve son maître et même le génie,
Dieu l'a voulu; le mieux est de s'y résigner.
Ne cherche point ton rang sur l'échelle infinie :
Qui fait tout ce qu'il doit n'est jamais le dernier.

Le calcul est permis mais doit avoir un terme,
Résoudre c'est risquer, on ne peut tout prévoir.
Réfléchis, mais décide et fais d'une main ferme
Sa part à la fortune et son droit à l'espoir.

Chaque âme a sa mesure et pour toute commence
Le bonheur quand s'emplit la coupe de leurs vœux :
Un casque, étroite coupe, et la mer, coupe immense,
Quand l'eau monte à leurs bords sont remplis tous les deux.

Il nous semble que voilà de très beaux vers où la perfection de la forme ajoute encore à la valeur de la pensée ; la plupart de ces deux cent trente-trois maximes ont ce même bonheur d'expression ; c'est à peine si dans ce nombre on en trouverait une dizaine légèrement entachées de prosaïsme.

Eh bien, le croirait-on ? le *Penseroso* réussit moins encore que les *Grains de Mil* ; les Genevois qui se piquent de tout savoir, surtout les langues étrangères, feignirent tout à coup d'ignorer l'italien et de ne pas comprendre ce titre. Quelqu'un le prononça *pince-roseau* et beaucoup de gens trouvèrent cette ineptie charmante. Le *La Reine boit* d'un mauvais plaisant et le *Couci-couci* d'un autre avaient fait tomber jadis la *Marianne* et l'*Adélaïde* de Voltaire ; ce méchant calembour de pince-roseau devint un mot méchant qui fit son chemin et nuisit au succès du livre. Il était plus facile de dire que M. Amiel avait fabriqué un *pince-roseau* que de prendre le volume et de le lire avec attention. Les bons esprits le goûtèrent et surent gré à l'auteur du présent qu'il leur avait fait, mais nulle part, on le sait, les bons esprits ne sont la majorité.

L'échec du pauvre petit livre fut très sensible à l'auteur, et l'idée qu'un autre pays serait plus favorable à son talent, qu'ailleurs il serait mieux apprécié, revint le hanter. Nous trouvons dans son journal, à la date du 18 juillet de cette année 1858 :

« Aujourd'hui j'ai été remué jusqu'au fond par la nostalgie du bonheur et par les appels du souvenir. Mon ancien moi, mes rêves d'Allemagne, les élans du cœur, les aspirations de l'âme se sont réveillés avec une force inattendue... La crainte d'avoir manqué ma destinée, étouffé ma vraie nature, de m'être enseveli vivant a passé aussi comme un frisson.....

« Et qu'est-ce qui a soulevé cette tempête ? une simple lecture : le premier numéro de la *Revue germanique*. Les articles de Dollfus, Renan, Littré, Montégut, Taillandier, en me ramenant dans quelques vieux sujets favoris, m'ont fait oublier dix années perdues et rappelé ma vie universitaire. J'ai été tenté de jeter là ma défroque genevoise, et de partir, bâton en main, pour un pays quelconque, dépouillé mais vivant, jeune, enthousiaste, plein d'ardeur et de foi [1]... »

---

[1] *Journal intime*, tome I, p. 126.

Il resta cependant. Ne venait-il pas d'écrire dans le *Penseroso* :

> Ne déracine pas facilement ta vie ;
> Où le chêne a germé, le chêne aime à grandir.
> On se refait un toit mais guère une patrie ;
> Transplanter parfois tue et toujours fait languir.

VI

En dépit de tant de déceptions, l'activité littéraire du professeur Amiel ne se ralentissait pas ; cette même année 1858 un article sur *Les libres chercheurs* à propos de Daniel Stern le mit en rapport avec la femme célèbre qui avait pris ce pseudonyme ; en 1859 le jubilé triséculaire de l'Académie de Genève lui fut l'occasion d'écrire une très belle étude historique sur cette Académie, et il fit pour le centenaire de Schiller sa traduction rythmique de la *Cloche*, traduction fort estimée des Allemands et qui est même, à ce que nous croyons, adoptée à Berlin comme version classique et imprimée en regard de l'original, dans les éditions destinées aux élèves des lycées.

En janvier 1863 ses amis reçurent encore des étrennes poétiques : *La Part du Rêve* (nouvelles poésies), dédiée à M. Félix Bovet, cet ami dont nous avons déjà parlé ; il y a de fort beaux vers, ce sonnet entre autres, intitulé *Le Zénith de la vie* :

Providence, merci ! merci, ma destinée !
L'astre de mon printemps se lève radieux ;
Triomphante, et de fleurs la poupe couronnée
Vogue, ô nef de mes jours, sur les flots radieux ;

Car tout sourit : le ciel à la mer fortunée,
Mes yeux au ciel d'azur et la vie à mes yeux ;
En moi chante une lyre et mon âme étonnée
Rêve génie, amour, et sent venir les dieux.

Ainsi disais-je hier, et déjà dans ma voile
Le vent baisse et faiblit, et déjà mon étoile
Semble pâlir au ciel comme en mon cœur l'amour.

Entre un soleil et l'autre, oh ! quelle différence !
Est-ce là ta promesse, espérance, espérance ?
Solstice de nos ans ne dures-tu qu'un jour ?

Mais il était écrit que les volumes poétiques de Frédéric Amiel ne réussiraient pas, que toujours un malin génie y glisserait quelque chose où les moqueurs trouveraient leur compte. Au nombre de beaucoup de très belles et très sérieuses pièces il y en avait une à son petit neveu, en vers de deux syllabes :

    Henri
    Chéri,
    Jeune
    Être
    Ardent. . . . etc

Ce fut là-dessus qu'on tomba ; on ne voulut rien voir de tout le reste et on déclara que M. Amiel était un faiseur de tours de force. *Tarte à la crême!* répétait le marquis de la *Critique de l'École des femmes ;* — *Henri chéri !* redisaient les ricaneurs de Genève. Et ce gracieux volume de la *Part du Rêve* n'eut pas plus de succès que les volumes précédents.

Quant à son enseignement, le professeur Amiel le continuait avec cette conscience que nous lui connaissons; il s'efforçait de le varier, il y mettait toute sa science et tout son zèle, et s'il n'y avait pas un succès d'enthousiasme, au moins y était-il très sérieusement estimé.

A côté de ses leçons académiques il en avait d'autres qui lui donnaient moins de peine et plus de satisfaction. Sa cousine, Mlle Andrienne Custot, dirigeait un pensionnat de jeunes demoiselles, pour la plupart étrangères; il avait consenti à donner chez elle un cours de littérature et de composition. Là toutes ses qualités fines trouvèrent leur emploi; il comprenait les esprits féminins et savait se mettre à leur portée; son enseignement à la fois ingénieux et élevé, fut si attrayant que toutes les maisons d'éducation auraient bien voulu accaparer l'aimable maître. Cependant quelque charme qu'il trouvât à l'attention souriante avec laquelle toutes ces jeunes têtes écoutaient ses paroles, il ne voulut pas devenir un professeur de demoiselles, et se refusa aux sollicitations que de tous côtés on lui adressait. Il fit pourtant exception pour le pensionnat des dames M..... et l'externat de Mme P..... Il y fut aussi goûté que chez Mlle Custot; toutes les écolières étaient dans l'enchantement de sa parole aimable et de son esprit bienveillant. Il en est qui ne l'ont jamais oublié, et parmi les dernières fleurs qui réjouirent ses yeux, certaines roses avaient passé la mer pour lui apporter en ses jours de souffrance le souvenir fidèle et reconnaissant d'une de ses anciennes élèves.

En mai 1865 un journal qui s'intitulait *Le Radical* ouvrit ses colonnes à des ennemis personnels de Frédéric Amiel, et on y vit paraître une série d'articles d'un style déplorable, demandant une réforme de l'Académie et attaquant très particulièrement et très directement le professeur de philosophie. « M. Amiel, disait-on d'abord, aime les mots « pour les mots et en visant l'originalité n'atteint « qu'à l'obscurité. » Ce n'était pas bien méchant, mais ce *pianissimo*, comme dans l'air de la *Calomnie*, arriva par un crescendo rapide au *fortissimo*, « et se fit un devoir de « signaler à M. le conseiller d'État chargé du « département de l'instruction publique les lacu-

« nes qui se manifestaient dans l'enseignement
« supérieur¹. »

Le résultat de ces méchancetés fut des plus heureux pour le professeur; on lut dans le *Journal de Genève* du vendredi 19 mai 1865 :

« Avant-hier, M. le professeur Amiel en entrant
« dans la salle de l'Académie où il fait son cours,
« a reçu le plus sympathique et le plus chaleureux
« accueil. A ses auditeurs ordinaires s'étaient joints
« nombre d'étudiants des autres facultés qui pressés
« dans la salle trop étroite ont salué par des applau-
« dissements prolongés l'entrée du professeur, et
« lui ont exprimé l'état qu'ils faisaient de sa per-
« sonne et de son enseignement en termes pleins
« de déférence et de gratitude.

« Cette démonstration toute spontanée et inat-
« tendue était évidemment une réponse à un article
« de fond publié l'avant-veille par le *Radical*, ar-
« ticle hargneux où M. Amiel était attaqué fort ai-
« grement. C'était la troisième fois que ce journal
« revenait à la charge avec une obstination vrai-
« ment inexplicable. Les deux premières fois, le
« 22 et le 29 mars, il s'était contenté de relever
« quelques boutades échappées ou attribuées au
« professeur, et de l'en railler sans motif apparent.

---

¹ *Le Radical* du 22 et 28 mars et du 14 mai 1865.

« On ne s'inquiéta pas de ce badinage. Mais dans
« sa troisième attaque l'assaillant a démasqué ses
« batteries. Après avoir recommencé son petit sys-
« tème de citations (donnez-moi n'importe quelle
« phrase du premier venu je me charge de le faire
« pendre), il conclut résolument: « Nous nous fai-
« sons un devoir de signaler aux mesures énergi-
« ques de M. le conseiller d'État, etc. »

« Nous ne rechercherons pas en quoi consistent
« les *mesures énergiques* conseillées par le vigou-
« reux censeur; comme il devient de plus en plus
« explicite, il nous le dira, nous n'en doutons pas,
« dans un quatrième réquisitoire. Nous saurons
« alors quels remaniements il s'agit d'opérer dans
« le personnel de la faculté des lettres et quelles
« prétentions seront satisfaites par ces remanie-
« ments. Car nous ne pouvons croire que la per-
« sistance et la virulence croissante des attaques
« dirigées contre M. Amiel soient inspirées par une
« hostilité purement littéraire et philosophique.
« Ce professeur savant et dévoué ne méritait pas
« un pareil acharnement. Élève distingué de notre
« ancienne Académie, il a complété ses études par
« sept années de voyage; il a suivi à Berlin durant
« quatre années les cours de Schelling et des hé-
« géliens; et si ce sont là des fatigues dont d'au-
« tres se sont exemptés, peut-être fort sagement,

« ce ne sont pourtant pas des motifs sérieux de
« destitution, surtout quand il s'agit d'une chaire
« de philosophie.

« M. Amiel professe depuis seize ans à l'Acadé-
« mie de Genève, où, ne gardant ses auditeurs que
« deux années, il ne serait astreint qu'à deux
« cours; or, il en a fait onze différents, sur des su-
« jets de philosophie et d'esthétique, tous faciles à
« critiquer si l'on n'y veut chercher que les pecca-
« dilles de forme, mais faits avec science et con-
« science, pleins de renseignements et d'enseigne-
« ments. Il n'a rien demandé à la politique; il
« s'est tenu à l'écart, loin des luttes quotidien-
« nes, pour consacrer tout son temps à l'étude et
« au travail, et certes, il ne s'est pas épargné
« dans les corvées qui s'imposent à Genève aux
« gens de lettres : examens, concours, commis-
« sions, comités, rapports, et l'Institut national,
« et les fêtes patriotiques, et les jubilés universi-
« taires, et les chants d'occasion. Services obs-
« curs, ingrats, dont nul ne vous tient compte,
« dont on vous raille même agréablement, et qui
« absorbent pourtant une part de la vie d'un
« homme. Tel est celui qu'on dénonce au pou-
« voir et contre lequel on invoque « des mesures
« énergiques. » Voilà cette *individualité inamo-*
« *vible dans sa chaire et dans son égoïsme.... en*

« *dépit des murmures et des réclamations unani-*
« *mes de toute une génération!!*

« Mais par bonheur certaines attaques appel-
« lent des réparations éclatantes, et les étudiants
« de Genève ont montré avant-hier à l'Académie
« que, s'ils étaient unanimes, ce n'était pas dans
« *leurs murmures et leurs réclamations contre*
« *M. Amiel.* »

Nous avons cité tout au long cet article, parce qu'il caractérise fort bien notre professeur, si consciencieux dans son enseignement, et toujours prêt, malgré tout le travail qu'il devait faire pour y suffire, à se charger de toutes les besognes ennuyeuses dont les autres ne voulaient pas, et dont on ne prenait guère la peine de le remercier: « Il est célibataire, disait-on, il a le temps. »

Les années passaient, il est vrai, et le professeur Amiel, à l'étonnement de tous, ne se mariait pas.

Certes il aurait pu choisir; il était toujours beau, toujours charmant, toujours aimable; et la faveur féminine l'entourait plus que jamais. Dans ces quinze années il avait fait rêver bien des cœurs; les jeunes filles le voyaient d'un œil très doux; les mères étaient de l'avis de leurs filles, et il était peu de familles qui n'eussent été flattées de sa recherche; ses sœurs, ses cousines auraient désiré le voir se marier; ses amis l'y exhortaient tout haut, son cœur le lui conseillait aussi tout bas; le temps fuyait cependant et les jeunes espérances qui avaient ouvert leurs ailes autour de lui commençaient à les replier tristement.

Pourquoi ne se mariait-il pas? Il a répondu en maint endroit de son journal:

« Époux, j'aurais mille façons de souffrir parce
« qu'il y a mille conditions à mon bonheur. J'ai
« l'épiderme du cœur trop mince, l'imagination
« inquiète, le désespoir facile, les sensations à
« contre-coups prolongées. Ce qui pourrait être
« me gâte ce qui est.... L'idéal m'empoisonne
« toute possession imparfaite[1]. »

« J'attends toujours la femme et l'œuvre capable
« de s'emparer de mon âme et de devenir mon
« but.... Je n'ai pas donné mon cœur: de là mon
« inquiétude d'esprit. Je ne veux pas le laisser
« prendre à ce qui ne peut le remplir: de là mon
« détachement impitoyable de tout ce qui m'en-
« chante sans me lier définitivement. Ma mobilité,
« en apparence inconstante, n'est donc au fond
« qu'une recherche, une espérance, un désir et
« un souci, c'est la maladie de l'idéal[2]. »

[1] *Journal intime*, vol. I, page 18.
[2] *Journal intime*, vol. I, page 104.

L'idéal, c'était bien cela; il aurait voulu rencontrer une beauté parfaite, et toutes les grâces, toutes les élégances de l'esprit, tous les dons et tous les talents, toutes les vertus et pas un défaut. « Il n'y « en a point de petit, disait-il, le moindre suffit à « gâter la vie commune, je ne me sens d'humeur « à en supporter aucun. » Il eût fallu encore que cette épouse idéale trouvât le moyen de lui paraître toujours nouvelle, car il ne pouvait souffrir la monotonie dans la perfection. Quelqu'un lui demandait un jour quelle était sa fleur de prédilection: « Je préférerais, répondit-il, la fleur qui pourrait « être à la fois toutes les fleurs[1], comme je préfé« rerais la femme qui pourrait être à la fois toutes « les femmes, ou, pour parler philosophiquement, « j'aimerais la fleur type et la femme type. » Toujours les inconvénients de l'universalité.

« Je serais bien étonné, dit M. Scherer, qu'il eût « jamais été complètement séduit. » Si, il le fut par moment, mais jamais d'une manière prolongée; sa haute raison tenait en bride sa tendresse de cœur et se hâtait d'interposer son veto.

Ainsi placé entre deux courants contraires, attiré par les douceurs de la vie de famille, retenu par la

---

[1] Il avait cependant une fleur préférée, nous l'avons déjà dit, c'était l'eufraise.

crainte d'un mauvais choix, par la terreur des regrets, il ébaucha bien des romans qui n'eurent point de dénouement. Toute femme nouvelle lui était un sujet d'étude qu'il abordait le cœur ému : « Sera-ce celle-là ? » Vérification faite, ce n'était pas encore celle-là, ce ne l'était jamais.

Une fois cependant, bientôt après son retour d'Allemagne, il rencontra dans une famille amie une jeune fille qui l'émut profondément. Elle avait la beauté, l'enthousiasme, l'esprit artiste et le cœur chrétien ; vingt ans après il ne pouvait la revoir avec indifférence. Pourtant ce ne fut point celle-là ; à ses talents brillants, à ses hautes vertus elle ne lui paraissait pas réunir les qualités d'une ménagère ; il se fiait peu à l'éducation de la vie ou du moins il y comptait peu.

« Mes deux sœurs, dit-il, sont d'excellentes épou-
« ses et d'admirables maîtresses de maison, mais
« qui pouvait le prévoir avec certitude quand elles
« avaient vingt ans ? Leurs maris ont fait crédit
« à l'avenir et s'en sont bien trouvés, mais le con-
« traire aurait pu arriver aussi bien. J'admire tou-
« jours cette confiance d'un homme qui se marie. »

Cette confiance il ne sut point l'avoir, même en présence de celle que dans son enthousiasme il appelait Corinne et Béatrix. Elle se maria bientôt, et dans ce très beau sonnet notre poète exprime le regret du bonheur manqué :

Tout m'attirait vers toi : j'aimais, vierge sereine,
Ta voix grave de muse et ton beau front pieux,
Ta pudeur de vestale et ta fierté de reine,
Et le feu qu'allumait l'idéal en tes yeux.

Du charme intérieur la grâce souveraine
Rayonnait sur tes jours, nimbe mystérieux..
Que n'eût pas fait alors ta tendresse, ô sirène,
De tout ce qui dormait dans mon cœur soucieux ?

Ton amour m'eût donné tout, même le génie !
Quand il venait à moi, pourquoi l'ai-je évité ?
Hélas ! c'est un secret de tristesse infinie.

L'effroi de ce que j'aime est ma fatalité :
Je n'ai compris que tard cette loi d'ironie...
Le bonheur doit m'avoir tout jeune épouvanté [1].

Ici nous sommes obligé d'aborder un point délicat sur lequel le professeur Amiel avait à cœur d'être justifié après lui, puisque sa générosité chevaleresque l'avait toujours empêché de le faire. On l'accusa de troubler les cœurs à plaisir, de se jouer des sentiments qu'il inspirait, de donner des espérances et de les tromper sans scrupule : rien n'est plus injuste et plus faux.

Il est certain qu'il était incliné vers la société fé-

---

[1] *Part du Rêve*, page 46.

minine; sa première jeunesse passée au milieu de ses jeunes parentes lui avait donné l'habitude et le besoin de ces intimités. Il voyait dans chaque femme une sœur à qui il était heureux de consacrer une partie du trésor de tendresse qu'il avait dans le cœur; ne pouvant le donner en bloc, puisque l'idéal était introuvable, il aimait à le dépenser en petite monnaie. A leur tour les femmes, et en général les meilleures et les plus distinguées étaient attirées vers lui par ce charme qui tenait à la pureté de son âme plus encore qu'à ses agréments extérieurs. Mais souvent l'affection qu'il donnait sans arrière-pensée inspira des espérances qu'il ne voulait point réaliser. Sitôt qu'il venait à s'en apercevoir il faisait pour les détruire tout ce que permettait la délicatesse et la courtoisie, mais il n'y réussissait pas toujours. Il arriva que la question lui fut posée directement: « L'ami tendre, le « frère dévoué deviendrait-il le compagnon sur qui « l'on put s'appuyer pour suivre le sentier de la « vie? » Sa réponse alors était nette et précise autant qu'elle pouvait l'être sans brutalité et cependant parfois on s'obstinait à l'illusion. Ce furent précisément les âmes les plus sincères et les plus éprises qui se trompèrent ainsi, et qui perdirent leur vie dans une vaine attente, si l'on peut dire qu'une vie consacrée à un noble amour même malheureux soit une vie perdue. On se sent le cœur ému à la pensée de ces affections nobles vraies, et pourtant déçues, mais il ne se joint à cette émotion nulle colère contre celui qui causa ces tristesses, car il ne le voulait pas, il en souffrait lui-même et faisait tout pour les guérir.

Et cependant, malgré ces douloureuses expériences, il se laissait toujours reprendre au piège des amitiés féminines qu'il trouvait douces et qu'il croyait possibles. Son tort, s'il en eut un, fut de ne pas comprendre assez que ce qui peut rester amitié entre des cœurs loyaux dont la destinée est fixée, risque de changer de nature quand on est libre des deux parts. Peut-être aussi n'était-il pas tout à fait exempt d'un peu de coquetterie et ne résistait-il pas assez au désir d'être aimable. Quelqu'un lui dit un jour qu'il était le pendant masculin de Mme Récamier ; la comparaison ne lui déplut pas. Il souriait aussi quand, par badinage, on l'appelait un don Juan vertueux. En effet sa séduction quasi involontaire était d'autant plus grande qu'elle était toute morale, et qu'on pouvait s'y abandonner sans crainte et sans remords.

La nuance de ce qui peut lui être reproché nous semble parfaitement indiquée dans cette pièce de Milnes qu'il traduisit ou plutôt qu'il imita au temps d'une de ces liaisons qui eurent d'un côté tant de trouble et de l'autre tant de regret :

Les mots que je crus voir errer sur votre lèvre
    N'en tombèrent point, je le sais ;
Les pleurs ont, dans ces yeux qui me versaient la fièvre,
    Su fondre avant d'être versés.
Les regards bienveillants qu'obtenait mon approche
Ne m'ont guère souri plus qu'à d'autres, hélas !
Mais avez-vous été tout à fait sans reproche,
Tout à fait droit et vrai pour moi ? Je ne crois pas.

Vous saviez — ou du moins vous auriez dû comprendre —
    Que la moindre faveur de vous,
Une main effleurée, un regard un peu tendre,
    Un signe de tête, un air doux,
Chacun de ces regards qui m'émeut et m'enivre,
Les mots qui par hasard vibraient dans vos accents
Quand d'un auteur aimé vous ouvriez le livre,
Étaient pour moi beaucoup, beaucoup trop, je le sens.

Vous auriez bien pu voir — vous avez vu peut-être —
    Combien, jour par jour s'aggravant,
L'ardente passion dont un cœur n'est pas maître
    En mon cœur entrait plus avant !
Comme, après chaque effort, comme, après chaque lutte,
Plus aveugle en sa foi, plus âpre en son espoir,
Bravant le précipice où l'attendait la chute,
Mon amour, sur les rocs, plus haut allait s'asseoir.

Peut-être sans songer aux futures tristesses,
    Heureux d'être aimable un moment,
Tandis que de mon cœur débordaient les tendresses,
    Pensiez-vous plaire seulement ?

Mais lorsqu'à votre appel s'élançant de la plaine,
Mon âme dans les cieux sur vos traces errait,
Oh ! ne deviez-vous pas — je l'ose dire à peine —
Voir de quelle hauteur mon rêve tomberait ?

Aussi, quand détrompée, accusant l'espérance,
    D'une autre j'ai vu le bonheur,
Peut-être injustement, j'ai cru, dans ma souffrance,
    Votre cœur tendre un léger cœur.
Mais, même en cet instant où l'âme calme et haute,
Je fais comme les morts mes comptes d'ici-bas,
Puis-je vous reconnaître absolument sans faute,
Tout à fait droit et vrai pour moi ? Je ne crois pas.

Pendant tous ces romans très purs toujours mais tristes aussi, le temps passait ; Frédéric Amiel touchait à l'automne de sa vie ; de plus en plus le besoin d'un foyer à lui se faisait sentir ; cette fois la raison elle-même gourmandait ses indécisions et lui disait que :

    Lorsqu'on n'a pas ce que l'on aime
    Il faut aimer ce que l'on a,

ou ce qu'on peut avoir. En 1868, cédant enfin aux sollicitations de sa famille, aux conseils de ses amis, il négocia un mariage où bien des convenances se trouvaient réunies à un attrait suffisant. Au dernier moment la chose se rompit, mais quoi qu'on ait pu dire alors dans le public, il n'y eut des deux parts rien que de très honorable dans cette rupture.

Deux ans plus tard un autre projet d'union fut un instant caressé, mais le professeur, sentant qu'il n'aurait pas l'entière approbation de sa famille, renonça à ce mariage sans grand regret, à ce que nous croyons. Depuis cette époque, et bien que le zèle de quelques amis effrayés de la solitude qui le menaçait dans l'avenir, le ramenassent parfois à l'idée de fixer sa vie, il n'y eut plus de projets arrêtés, et au fond du cœur plus de désir. Nous l'avons entendu s'applaudir bien souvent d'avoir échappé à cette mer orageuse du mariage où il avait vu sombrer tant d'esquifs, partis sous des astres favorables et avec le bon vent dans leurs voiles.

VII

Frédéric Amiel était depuis dix-huit ans le pensionnaire de sa sœur, quand il dut, pour des raisons de santé, chercher un appartement plus ensoleillé que celui occupé par la famille G...., rue des Chanoines, tout près de la maison de Calvin, et, en janvier 1870, nous le trouvons installé au N° 16 de la rue des Belles-Filles, autrefois rue Saint-Christophe, et actuellement rue Étienne-Dumont[1]. Cette maison qui a vu la première imprimerie établie à Genève et qui s'adosse à la chapelle méthodiste de l'Oratoire, ressemble un peu à un couvent; le petit logement du premier que la bibliothèque du professeur remplissait en entier, et qui s'ouvre sur un jardin enclos de murs où, dans la

[1] En 1871 un arrêté du Conseil d'État décida de donner aux rues nouvelles les noms des hommes célèbres de Genève; quelques anciennes rues furent alors aussi débaptisées, et le nom d'Étienne Dumont, le collaborateur de Mirabeau, remplaça celui de Belles-Filles.

belle saison, les oiseaux chantent dans les lilas, où les bruits de la rue n'arrivent point, et où le dimanche, les sons de l'orgue et les cantiques viennent caresser l'oreille et l'âme, était une véritable retraite d'anachorète et de savant, de poète et de penseur. Elle n'avait qu'un défaut, c'était d'être trop étroite pour loger une personne de service. Le professeur qui ne voulait pas se donner les embarras d'une tenue de ménage et qui prenait ses repas dans une pension de la Grand'-rue, à deux pas de l'Académie, ne remarqua point tout d'abord cet l'inconvénient, mais tant que sa vie fut arrangée de cette manière ses amis furent grandement inquiets de le sentir seul.

Il ne faudrait pas s'imaginer que pour habiter une thébaïde, il eut rien pris d'austère, d'ascétique; il restait toujours le même, toujours aimable, toujours homme du monde. Il touchait à la cinquantaine, mais en dépit des fils d'argent qui déjà nuançaient sa chevelure, il paraissait jeune. Sa démarche était encore gracieuse, son pas vif; il portait haut la tête, non point avec arrogance, mais de l'air de quelqu'un qui soutient légèrement le poids des années et qui regarde la destinée en face. « N'avoir point l'air piteux, » fut toujours son grand souci.

Il ne l'avait point, et cependant sa santé devenait bien délicate. Ses rhumes en se prolongeant avaient dégénéré en bronchite chronique. L'humidité, les brusques variations de température lui étaient fort nuisibles; par moment il toussait beaucoup, et sa voix, sans pourtant cesser d'être agréable, avait pris ce timbre couvert qui est généralement l'indice des affections du larynx. De plus en plus obligé à de nombreuses précautions, il allait peu dans ce qu'on appelle le monde, mais il voyait toujours ses amis [1], et fréquentait quelques maisons où il rencontrait des hommes distingués et des femmes qui ne l'étaient guère moins.

Marc Monnier, qui en 1860 avait épousé une genevoise, Mlle Hélène D***, et qui s'était établi à Genève en 1864, avait fondé des réunions du vendredi, dont sa charmante femme faisait les honneurs avec beaucoup de grâce; on y causait littérature, on y jouait des scènes et parfois des pièces entières de Molière. Le professeur Amiel allait s'y égayer bien souvent et discuter art et poésie avec le jeune et brillant écrivain.

Quant à ses relations de famille, elles étaient toujours excellentes, mais peut-être un peu moins intimes qu'autrefois: ses deux oncles étaient morts;

---

[1] Il avait perdu le plus intime, Charles Heim, qui après une modeste carrière dans l'enseignement, la poitrine atteinte, avait été en 1868 mourir à Hyères où il avait espéré recouvrer la santé.

ses sœurs, absorbées de plus en plus dans leurs devoirs de maîtresses de maison, avaient moins de temps à lui donner; ses neuveux avaient grandi, étaient des hommes; l'un se vouait au commerce, l'autre étudiait la médecine à Paris; d'ailleurs depuis longtemps, dans la crainte que leur père ne prît quelque ombrage de son influence, il avait renoncé à s'occuper d'eux. Nous avons dit qu'il avait peu de rapports de caractère avec le pasteur G..., il ne s'était guère lié davantage avec son nouveau beau-frère le docteur S.... « Ils s'appréciaient et s'es-
« timaient, nous écrit Mme Laure S..., mais il ne faut
« pas oublier que l'un était un rêveur, chercheur
« d'idéal, l'autre le médecin oubliant tout pour ses
« malades, l'homme dur à lui-même, toujours à son
« poste, prenant un peu en pitié tous ceux qui flé-
« chissent, hésitent, et n'ont pas un but clair et
« défini vers lequel ils s'élancent tout droit. De là
« des façons différentes de juger les choses; mais
« mon frère admirait le grand savoir, la droiture
« sévère du docteur; celui-ci rendait pleine justice
« à l'esprit cultivé, à la distinction de notre cher
« poète, et je pense que s'ils avaient pu se mieux
« connaître ils se seraient aimés davantage. »

Des relations de malade à médecin n'existaient pas non plus entre les deux beaux-frères. Le professeur, toujours jaloux de sa liberté, avait pour principe qu'il ne faut pas choisir son Esculape dans sa parenté. Aussi, bien que le docteur S.... ait été pendant trente ans le plus célèbre des médecins de Genève, ne le consulta-t-il jamais.

Du reste il n'avait point de médecin en titre. Chaque année aux vacances il en voyait un nouveau (celui que lui recommandait quelque ami); il suivait docilement le traitement qu'on lui indiquait, allait aux eaux où on l'envoyait, sans toutefois obtenir une grande amélioration au mal dont il souffrait.

Avec tout cela, il continuait à se dépenser généreusement au profit des autres, et cette vie, que certains trouvaient indolente, était la plus active du monde. Il faisait partie de la Société du progrès des études, il était président de la Société de chant du Conservatoire; il s'occupait avec un vif intérêt de l'Institut genevois dont il avait été l'un des membres fondateurs. Secrétaire, puis président de la section de littérature, il apportait dans les séances sa grâce et sa bonne grâce, sa bienveillance et son enjouement: on peut dire qu'il en était l'âme. Il s'efforçait d'y attirer tous les talents, toutes les réputations et de maintenir entre les membres des relations cordiales et courtoises. Dans sa thèse sur le *Mouvement littéraire dans la Suisse romande,* il avait défini très ingénieusement ce mouvement: *un corps qui cherche une âme,* les efforts de toute sa vie tendirent à lui donner cette âme, à susciter une littérature romande. Sous son influence l'Institut ouvrit un grand nombre de concours, et des plus variés: poésie lyrique, fable, comédie, roman, histoire, critique littéraire, tour à tour la lice fut ouverte à tous les genres et sans exclusion de nationalité. L'Institut a, depuis 1848, couronné bien des œuvres intéressantes et encouragé bien des talents: parmi les écrivains actuellement connus en Suisse il en est peu qui ne doivent quelque chose à l'Institut, et il n'en est aucun, nous ne croyons pas nous tromper, qui n'ait reçu de Frédéric Amiel encouragements ou félicitations. Lui que le succès avait si peu gâté, il était toujours prêt à se réjouir du succès des autres, et cela franchement, cordialement, sans l'ombre d'arrière-pensée.

Comme il n'y avait personne de plus abordable, il était bien souvent importuné par des débutants des deux sexes qui venaient lui demander des conseils pour recevoir des éloges. Il n'avait rien de la brusque franchise d'Alceste et savait habiller sa critique de louange, comme on enveloppe de confiture une drogue amère; mais l'amour-propre a le palais fin, il devine l'amertume à travers tous les sucres:

Est-ce qu'à mon sonnet vous trouvez à redire?

Que de fois les vanités bondissantes lui ont fait cette question ! Eh bien, il ne se décourageait point pour cela, et à chaque occasion il donnait son opinion franchement, judicieusement, la motivant toujours, signalant le défaut, mais indiquant en même temps le moyen de l'effacer. Il se disait que parmi tous ces Orontes, il ne serait pas impossible qu'il y eût un vrai poète à encourager, un talent modeste capable d'accepter une critique utile. Personne n'avait le sens littéraire plus fin. Marc Monnier, qui s'y connaissait, lui soumettait chacune de ses œuvres et faisait sans balancer les retouches qui lui étaient indiquées. « Quel dommage, disait-il « souvent, que cet homme d'un goût si juste, si « délicat, n'ait pas été à Paris pour y faire de la « critique littéraire ! » Il estimait aussi que Frédéric Amiel aurait pu devancer M. Fouillée pour les exposés philosophiques dans les grandes Revues, et qu'il était à jamais regrettable qu'il n'eût pas donné à la France un livre sur l'Allemagne qu'il connaissait si bien.

Mais où aurait-il trouvé le temps d'écrire ce livre ? Ses cours continuaient à l'occuper plus que jamais ; il n'était pas de ces professeurs qui restent stationnaires : comme il se tenait au courant de tout ce qui se publiait en allemand et en français dans les différentes branches de la philosophie, il avait sans cesse à remanier. Il avait un peu de mépris pour les intelligences qui se cristallisent sous telle ou telle forme géométrique; il les comparait aux coléoptères enveloppés de leur cuirasse, et il regardait sa nature d'esprit comme un privilège. Il savait bien que ce privilège avait sa rançon, que la limitation est une force, que la carapace qui empêche certaines intelligences de s'étendre, les protège, mais il éprouvait une satisfaction véritable à sentir qu'il était plutôt esprit, dans le sens infini du mot, qu'un esprit particulier et déterminé, et plutôt l'homme qu'un homme. Rien d'étonnant qu'un être ainsi fait eût surtout besoin de liberté, et que tout ce qui ressemblait à une servitude lui fût antipathique; il pouvait bien l'accepter par devoir, et nous avons vu avec quelle conscience il donnait ses leçons, mais sitôt que le devoir cessait, il avait hâte de retourner à l'espace, à l'indépendance. Un de ses amis disait de lui qu'il possédait la clé de la science, la clé des champs, la clé des cœurs; sitôt les cours finis, les vacances arrivées, il jetait aux orties le bagage professoral, faisait table rase de son enseignement, mettait au clou la clé de la science et prenait la clé des champs, sans oublier la clé des cœurs. Oh! celle-là, elle ne le quittait en aucun temps.

Nous avons dit qu'il employait ses vacances à

quelque cure de bains, mais il en passait une bonne partie dans un site de montagne : le Salève, les Voirons, le Jura, les Alpes, surtout les Alpes vaudoises avaient sa visite. Clarens, Montreux, Glyon, Charnex le virent bien souvent. Ce dernier village au-dessus de Montreux lui était cher tout particulièrement, et il l'a plus d'une fois chanté :

> Entre le clair miroir du lac aux vagues bleues
> Et le sombre manteau du Cubly bocager,
> Dévale, ondule et rit, à travers maint verger,
> Sous les noyers pleins d'ombre un gazon de deux lieues.
>
> C'est ici, c'est Charnex, mon nid dans les halliers,
> L'asile aimable et doux où mon loisir s'arrête :
> Les Pléiades, le Caux, l'Arvel sont sur ma tête ;
> Chillon, Vevey, Clarens, Montreux sont à mes pieds.
>
> Au midi, les massifs dentelés de Savoie,
> Au couchant, du Jura le profil mince et dur,
> A l'est la pyramide aux sept tours, âpre mur,
> Font un encadrement sévère à cette joie.

Ce qui ajoutait pour lui au charme du paysage, c'est qu'il retrouvait à Charnex la plupart de ses amis de Genève et que l'élément féminin y dominait. Il était l'âme de ce petit groupe où il se sentait compris, aimé, admiré ; il pouvait y déployer toutes les grâces de son esprit, prodiguer les attentions aimables, organiser des jeux, arranger des promenades, des excursions, lire surtout, quand il était en voix. C'était un charme de l'entendre, et nous avons quelquefois pensé que chez lui le lecteur avait un peu nui au poète ; il devait toujours trouver ses vers admirables, car il les rendait tels par de savantes inflexions, et sa voix leur donnait tour à tour la grâce, l'harmonie, le relief et l'éclat qu'ils ne possédaient point toujours. « Lisez donc sans prestige, » lui disait quelqu'un, lorsqu'il s'agissait de vers à corriger. Lire sans prestige ! cela lui était sinon impossible au moins bien dificile. Mais s'il lisait bien ses vers à lui, il lisait encore infiniment mieux ceux des autres ; nous ne croyons pas que l'on connaisse vraiment La Fontaine ou Molière si l'on a pas eu la chance de les entendre interpréter par M. Legouvé ou par le professeur Amiel.

L'hiver de 1869 à 1870 lui apporta bien des tristesses. Il vit mourir à peu de distance l'un de l'autre le peintre Hornung et les poètes Petit-Senn et Blanvalet ; lui-même, très souffrant, fut obligé d'interrompre quelques jours ses leçons et de garder la chambre, ce qu'il ne faisait jamais que par force majeure, car bien que les précautions qu'il était obligé de prendre l'aient fait passer pour douillet aux yeux de quelques-uns, personne n'avait plus de courage et ne s'écoutait moins. A peine rétabli il retourna à ses devoirs, mais pendant les derniers mois du semestre d'été il se sentit très fatigué et eut quelque peine à aller jusqu'au bout. Aussi les vacances venues, fut-il plus heureux que jamais de quitter la ville, et d'aller redemander la santé à sa chère montagne.

A diverses époques il avait passé quelque temps à Villars-sur-Ollon, dans le canton de Vaud ; cette fois il choisit pour sa villégiature une altitude plus élevée, Bellalp, dans le Valais :

Villars était un nid, mais Bellalp est une aire.

> Ici plus de sapins, un gazon ras et court,
> Des pics chauves et nus que frappe le tonnerre,
> Et qu'effrite en tombant jour et nuit le bloc sourd ;
> D'immenses horizons dentelés par les neiges,
> Un océan d'azur entre les monts versés,
> Où chantent des torrents les éternels solfèges,
> Où nage des vapeurs le troupeau dispersé ;
> Sous mes pieds, le flot bleu des glaces boréales,
> Torrents pétrifiés nourriciers de la mer...
> Telles, — du pavillon où je hume l'éther
> Comme un oiseau plongeant dans le vague de l'air,—
> S'étalent à mes yeux vos splendeurs idéales,
> Colosses du Valais, rois puissants de l'hiver.

En quittant la montagne où il avait appris la

déclaration de guerre, il alla revoir ses amis d'Heidelberg, et parcourut les bords du Rhin qui, selon toute apparence, devaient être une fois de plus le théâtre du combat de la race latine et de la race germanique.

Les énormes préparatifs de l'Allemagne et l'esprit de revanche qui animait toutes ces populations tant de fois vaincues par les Français, détruisirent les illusions qu'il pouvait avoir sur l'issue de la lutte et quand il rentra à Genève en septembre, il était agité de tristes pressentiments et soupirait à la pensée des dangers de cette France qui était pourtant la patrie de ses aïeux et aussi celle de son talent.

Le désir de se reposer quelques mois encore et beaucoup plus celui de rendre service à un professeur neuchâtelois qui avait sa carrière à tracer et désirait trouver une occasion de se faire connaître, lui fit demander un congé d'une année, et offrir comme son remplaçant M. Théophile D**** qui fut accepté. Libre alors, il eut quelque velléité d'aller passer son hiver à Florence ou à Rome; cependant il ne quitta point Genève, la certitude d'y avoir des nouvelles plus sûres et plus promptes de la terrible guerre furent une des raisons qui l'y retinrent.

La « lutte des géants, » comme il l'appelait, lui

fit écrire de nombreuses pages dans son journal et lui inspira aussi beaucoup de vers. Parmi les pièces inédites il en est une où, après avoir peint à grands traits énergiques l'effondrement de l'empire, il ajoutait :

> Mais de ce grand bûcher renaîtra glorieux
> Un phénix inconnu qui sous de nouveaux cieux
>   Ouvrira de plus larges ailes.
> La Gaule transformée en ce creuset divin,
> Jeune aigle de Pathmos n'entendra plus en vain
>   La voix des choses éternelles.

Genève était trop près du théâtre de la lutte pour s'occuper d'autre chose ; rester neutre était impossible, il fallait prendre parti. De là un antagonisme qui brouillait les amis et divisait même les familles. La vue de toutes ces querelles fit écrire à notre poète ces strophes que Marc Monnier se plaisait à citer :

> O Justice, déesse auguste !
> Toi que blasphème notre erreur,
> Qu'il est malaisé d'être juste
> Quand des guerres sévit l'horreur !

> De te renier tous font gloire,
> Et, sur tes autels renversés,
> Hurlent un hymne à la victoire
> Seul dieu des peuples insensés.

Chacun, plongeant dans la géhenne
Le frère qu'il nomme ennemi,
Fait épouser au ciel sa haine,
Haine que l'enfer a vomi.

Bien plus, ô misère suprême,
Effet d'un mal contagieux,
Enragé, le spectateur même
Délire et mord à qui mieux mieux.

Ah ! du moins, puisqu'il nous faut vivre
Captifs en la maison des fous,
Restons sobres dans un monde ivre,
Restons humains parmi les loups.

En cette existence qu'oppresse
Le malheur de l'humanité,
Il n'est de bon que la sagesse
Et de sage que la bonté [1].

[1] *Jour à Jour*, page 198.

VIII

Quelques jours passés à Clarens, à la fin de décembre, coupèrent cet hiver qui, tout rigoureux qu'il ait été, ne se passa pas trop mal pour Frédéric Amiel; le printemps lui fut moins favorable, aussi n'étant pas retenu par ses devoirs professoraux, il partit pour son bien-aimé Charnex, dans la première semaine de mai. Il nous écrivait le lendemain de son arrivée :

« Je suis depuis vingt-quatre heures établi dans
« ce ravissant coin de terre, par le plus merveil-
« leux temps du monde, mais un peu honteux de
« traîner l'aile quand tout palpite d'espérance et
« de félicité.

« Le fait est qu'au milieu des pommiers en
« fleurs, des orchestres ailés, des azurs du ciel et
« des eaux, du bouillonnement joyeux des sèves et
« des sources, et de ce paysage admirable, un pro-
« fesseur enrhumé fait triste figure. Je fais positi-
« vement tache dans cette nature épanouie et je
« me cache pour tousser. Il est fort malaisé de

« s'habituer à un nouveau personnage. Jusqu'ici,
« comme Antée, je n'avais qu'à frapper du pied la
« nourrice des hommes, la terre vermeille, la mon-
« tagne mère de la force, et je recouvrais la vigueur.
« Maintenant Isis ne répond plus même à mes câ-
« lineries filiales. Je dois me résigner à la faiblesse
« endolorie. Cette promotion à rebours m'est pé-
« nible et presque humiliante. Mais, comme l'es-
« pérance est la dernière des lâchetés du cœur, je
« doute encore que l'ordre du destin soit irrévo-
« cable. Du moins je m'accorde l'année pour
« interpréter l'oracle, et savoir si la santé est dé-
« sormais un souvenir ou peut redevenir une réa-
« lité. »

Le beau temps, la satisfaction de se retrouver au milieu de sites aimés et dans une société sympathique eut la meilleure influence sur l'esprit du malade ; chez lui, comme chez toutes les natures nerveuses, une fois l'esprit égayé, le corps allait bientôt mieux. Mai et juin s'écoulèrent agréablement, et ce fut à regret, qu'au commencement de juillet, il quitta ses chers ombrages pour revenir à Genève où le rappelait une affaire de famille. Il n'y passa que quelques jours et partit bientôt pour les bains d'Heustrich qu'on lui avait recommandés. Au début il s'y plut médiocrement.

« Magnifique est le temps, nous écrivait-il le

« 18 juillet ; en suis-je plus heureux pour cela ?
« Pas trop. Ces eaux rendent flasque et lourd. Je
« me sens l'esprit alangui et l'âme ennuyée. Je re-
« grette les hautes montagnes, où l'on a des ailes,
« et, en dépit de nos bocages au bord de la Kander,
« et de deux cents baigneurs qui fourmillent au-
« tour de moi, je lutte contre le vide et l'ennui ;
« j'ai à me défendre d'une sourde impatience...

« Heustrich est droit au pied du Niesen, côté
« oriental, presque à égale distance de Frütigen
« et de Thoune. Une haute et fertile colline lui
« masque le lac dont il n'est qu'à une lieue
« (vol d'oiseau) et les eaux limoneuses de la
« Kander creusent un fossé entre nos bains et
« cette colline. La vue n'est donc qu'une vue de
« couloir, avec un assez beau massif alpestre à
« l'orient, celui de la Blümlis-Alp.

« L'endroit n'est pas selon mes goûts dans cette
« saison. Vous savez combien j'aime les hauteurs,
« or, nous ne sommes pas en plaine, mais presque
« au niveau de la plaine ; loin de dominer quelque
« chose nous sommes dominés de partout. La pyra-
« mide verte du Niesen nous surplombe presque.

« Ajoutez que je suis encore presque isolé... »

Être isolé c'était toujours une grande contrariété pour cette nature aimante et sociable, mais
avec la *clé* que nous savons, l'isolement ne durait

jamais longtemps. Deux jours après cette première lettre nous en recevions une autre, respirant l'entrain et la gaieté :

« D'abord j'ai bien dormi, puis j'ai trié dans la
« cohue des baigneurs une société agréable et
« variée, avec laquelle on peut causer, se prome-
« ner, jouer aux boules, aux échecs, aux dames, et
« faire même des jeux de société. Deux ou trois
« personnes font de la musique ; on me prête des
« journaux. Ainsi les délassements ne manquent
« pas..... »

En somme les bains d'Heustrich lui firent peu de bien. Sa cure finie, il alla s'en reposer sous les ombrages de Charnex. C'est là que sonna son cinquantième anniversaire ; il l'a célébré dans ce sonnet :

Sous l'arceau des noyers glisse un flot d'or joyeux,
La dernière vapeur se fond dans l'azur pâle ;
Un vaste paysage apparaît à mes yeux :
Pics ardus, monts boisés, coteaux verts, lac d'opale.

C'est l'automne, et c'est l'heure où descendant les cieux,
L'astre du jour revêt la pourpre occidentale ;
La nature pourtant a l'air mystérieux
Que le gladiateur craignait chez la vestale.

Vallons, hameaux, bois sourds et vergers rougissants,
Rocs que baise l'aurore et que la brume enclave,
Rivages qui toujours me fûtes bienfaisants,

Votre aspect est divin, la journée est suave,
Septembre resplendit, mais je demeure grave...
C'est qu'aujourd'hui j'ai fait le compte de mes ans [1].

Cette date ne pouvait manquer en effet de lui inspirer quelque mélancolie ; il se sentait vieillir, il se sentait malade ; l'incertitude surtout le tourmentait ; il eût voulu savoir à quoi s'en tenir. Il écrivit au docteur Cossy de Bex. Après lui avoir expliqué en détail l'état de sa santé, il ajoutait :

« Répondez-moi comme à un autre médecin ; je
« ne veux me faire aucune illusion, et je désire
« seulement jouer correctement les cartes qui me
« restent en main d'après le calcul des probabilités.
« Je ne veux ni faire le valétudinaire avant l'âge,
« ni faire le téméraire sans nécessité. Être correct,
« voilà tout.

« Puis-je espérer encore une dizaine d'années
« de santé moyenne et de travail utile ? J'ai cin-
« quante ans et je suis délicat. »

« Avec une hygiène bien entendue, lui répondit
« le docteur, je n'en doute pas. »

Malgré cette réponse rassurante, il n'en prit pas moins de graves mesures. Il fit son testament et choisit le lieu de sa sépulture, le charmant cime-

---

[1] *Jour à Jour*, page 133.

tière de Clarens, où il aimait à promener ses pensées et qu'il appelait l'Oasis :

>Calme Éden, parvis discret
>Qui fleurit toute l'année,
>D'une terre fortunée
>O toi, l'amour et l'attrait ;
>
>Nid de verdure et de roses,
>Près d'un lac, au pied des monts,
>Où l'essaim des papillons
>Vibre sur les tombes closes ;
>
>Temple, où les saules pleureurs,
>A flots dénouant leurs tresses,
>Enveloppent de caresses
>Le deuil aux longues pâleurs ;
>
>Champ du repos, frais asile,
>Doux vestibule des cieux,
>D'un sommeil religieux
>Berçant la mort plus tranquille ;
>
>Sûr abri des cœurs souffrants,
>A nous qu'excède la vie,
>Combien ta paix fait envie
>Cimetière de Clarens [1] !

« Oui, écrivait-il en 1874, l'oasis de Clarens est

---

[1] *Jour à Jour*, page 247.

« bien l'endroit où je voudrais dormir. Ici mes sou-
« venirs m'entourent, ici la mort ressemble au
« sommeil, et le sommeil à l'espérance [1]. »

Rentré en ville il céda aux sollicitations de ses amis qui redoutaient de le voir passer encore un hiver seul dans sa bibliothèque de la rue Étienne-Dumont, et il se mit en pension dans une famille du voisinage, rue Beauregard n° 1. Il avait là une vaste chambre bien ensoleillée, d'où il voyait l'Athénée, la terrasse Eynard, les arbres des Bastions et les deux Salèves.

Grâce à ces précautions l'hiver ne se passa point trop mal; il fournit son année académique sans trop de fatigue et il y trouva plus de satisfaction que depuis bien longtemps. Ses étudiants avaient regretté son absence; ils eurent de la joie à le voir remonter dans sa chaire et ils le lui prouvèrent.

Ce n'était plus dans l'ancien local de la Grand'rue que les professeurs donnaient leurs leçons. L'Académie devenue Université avait maintenant, tout près du Jardin botanique et des beaux ombrages des Bastions, un local [2] digne d'elle dont elle

---

[1] *Journal intime*, vol. II, p. 175.

[2] La première pierre en avait été posée en 1868. Le prof. Amiel, toujours en réquisition, avait composé pour

occupait le centre, tandis que les deux ailes donnaient asile à la Bibliothèque et aux collections d'histoire naturelle et d'antiquités. Le programme des cours avait été remanié ; plusieurs, jusque-là obligatoires (dans la faculté des lettres), étaient devenus facultatifs : celui de philosophie était du nombre. Ce fut l'avantage du professeur; il eut un peu moins d'auditeurs peut-être, mais tous ceux qu'il eut s'intéressaient à un enseignement qu'ils venaient écouter de leur plein gré, et le maître, voyant cet heureux changement, trouva à ses leçons un plaisir qu'il n'avait pas encore éprouvé.

cette occasion le chœur suivant, chanté par les étudiants :

Jadis notre Genève, à la manière antique,
Hardiment, devant Dieu se créant république,
Sur le roc du savoir fonda sa liberté.
Aujourd'hui, poursuivant l'œuvre de ces grands maîtres,
Nous faisons du rempart qui couvrit nos ancêtres
    Un temple respecté.

Ce temple gardera, pour la cité future,
Les trésors de l'histoire et ceux de la nature ;
L'esprit veut tout connaître et doit tout réunir.
Désormais la pensée est la reine du monde ;
Tout par elle déjà se détruit et se fonde :
    Préparons l'avenir !

Trois siècles ont passé sur notre Académie
Depuis que l'état libre avec l'église amie,
Parrains de son baptême, ont béni son berceau ;
De ces temps glorieux la patrie a mémoire,
Et la jeune Genève à cette vieille gloire
    Voudra mettre le sceau.

8

Aux vacances de Pâques il alla, comme il faisait souvent, passer quelques jours à Mornex. Le temps malheureusement ne fut pas toujours beau et la société n'avait rien d'attrayant :

« La persévérance à Mornex est du côté du mau-
« vais temps. Monté par la merveilleuse journée
« de mercredi, je n'ai plus vu dès lors que du gris,
« et j'ai vécu dans les nuages. Froidure terne,
« sentiers boueux, société nulle : deux dames (ne
« parlant que de leur épagneul blanc, natif de Mar-
« seille) font toute la table d'hôte et mêlent l'en-
« nui à tous les plats. Voilà toutes mes félicités.

« J'ai aussi broyé des pensées mélancoliques, et
« ce matin j'eusse été hors d'état de vous écrire,
« tant j'étais bourré, encapuchonné et pétri de
« tristesse. Pourquoi? me direz-vous. Hé! qui ne
« traîne après soi des regrets, des chagrins, des
« désirs trompés, des espoirs déçus, et surtout, la
« honte d'être si peu digne de sa tâche, si inférieur
« à son idéal, si disproportionné à son rôle, si né-
« gligent dans son devoir?

« C'est toujours contre le dégoût de moi-même
« que j'ai à lutter. Et la conscience me tourmente
« plus que l'imagination.

« Mais une bonne pensée m'est venue. Je me
« suis dit qu'une lettre vous ferait plaisir et me
« voilà vous écrivant, ce qui fait d'une pierre deux
« coups, car cela me réjouit et m'apaise. »

Ce fut aux bains d'Allevard que les médecins envoyèrent le professeur cette année-là. Comme il arrivait presque toujours, il fut mécontent au début :

« Soignez-vous, amusez-vous, ne vous fatiguez
« pas, telles sont les ordonnances de ma filleule.

« Me soigner ! je ne fais que cela ici et avec con-
« science. Ces opérations variées (douches de gorge,
« inhalation, bains, breuvages, gargarismes) qui
« font la navette entre la source et les thermes,
« dévorent bêtement cinq ou six heures par jour;
« avec deux forts repas d'une heure au moins et
« deux heures de digestion, cela fait tout le jour,
« car on se couche avant neuf heures du soir.

« M'amuser ! cela est difficile et la marée de l'en-
« nui va montant, je vous l'avoue ; d'abord à cause
« du désœuvrement forcé, ensuite faute de société
« à mon goût et de conversation attrayante ; puis
« le temps s'est mis à la pluie depuis deux ou trois
« jours; mais la vraie cause c'est encore le souci.
« Arrivé dans un état de santé agréable, je me fais
« du mal ici.... Les médecins me démolissent et
« je me sens pris dans un engrenage ridicule. Par
« conscience je me livre à leurs soins, et leurs soins
« inintelligents convertissent un bobo local en un
« état de débilité et de vulnérabilité universelle.
« Cette intuition m'attriste. Je déteste les maux

« non nécessaires, surtout les avaries irréparables
« et gratuites. Et j'y suis condamné.... donc je
« ne puis me distraire, ni penser, ni m'amuser.

« Ne pas me fatiguer! s'il s'agit de promenades,
« excursions, rassurez-vous. Il n'y a pour ainsi dire
« pas moyen. Sauf une tournée à la Grande Char-
« treuse, faite avec des amis qui partaient d'Alle-
« vard, je n'ai fait que pivoter et piétiner autour
« de la nymphe inclémente, et je n'ai guère eu que
« le jeu des boules pour dérouiller mes membres
« engourdis. »

Cette lettre découragée était du 1er août; peu de temps après nous en recevions une d'un ton tout différent :

« Votre lettre m'a porté bonheur. Depuis lors
« j'ai vu partir ennui, pesanteur et tristesse; et
« le temps a eu beau devenir piteux, cela ne m'a
« pas fait froncer le sourcil. Et pourtant le traite-
« ment est ennuyeux, et une table où les vides quo-
« tidiens ressemblent à la mortalité accélérée des
« époques de siège n'a rien de réjouissant...

« Le traitement absorbera maintenant six heu-
« res par jour, vu le crescendo; cela va même
« jusqu'à huit et neuf heures pour les beaux échan-
« tillons de malades....

« La boule était l'un de nos délassements favo-
« ris, il faut maintenant se rabattre sur les échecs,

« ce qui est bien moins hygiénique. Votre parrain
« a battu ces jours-ci quelques gaulois décorés....

« Une bonne note en faveur d'Allevard, c'est la
« foule des abbés et curés qui s'y trouvent ; évi-
« demment tout ce qui fatigue sa voix se donne
« rendez-vous ici, et les patients n'étant ni des
« millionnaires ni des gandins, les eaux doivent
« être efficaces. D'ailleurs j'ai vu quelques per-
« sonnes qui ont été étonnamment radoubées par
« les complaisances de cette naïade assez revê-
« che au premier abord. Aussi je ne désespère pas
« de lui arracher quelques bonnes grâces. »

Cette espérance ne se réalisa point, la nymphe d'Allevard fut inflexible ; le professeur ne toussa ni plus ni moins qu'avant sa cure. Aussi l'année suivante, un peu dégoûté des eaux, se fit-il ordonner les bains de mer qui dans sa jeunesse lui avaient toujours été très favorables. Le désir de revoir la Hollande lui fit choisir la mer du Nord. Laissons-le nous raconter lui-même ce nouvel essai :

La Haye, 11 août 1873.

« Je suis depuis trente heures l'hôte du pasteur
« wallon de la Haye, et par conséquent à une lieue
« de la plage de Scheveningen, où je pense cet
« après-midi aller revoir l'Océan et prendre les ar-

« rangements nécessaires. L'Océan vous paraît
« hospitalier et le bain chose archifacile. Erreurs
« des candides montagnards des bords du Léman.
« Tout est rendu difficile pour l'homme. Ici on ne
« peut avoir ni de l'air (les fenêtres ne s'ouvrent
« que pour un mince filet), ni de l'eau douce (il
« n'y a ni sources ni fontaines), ni de l'eau salée
« (se baigner est chose très coûteuse et très em-
« barrassante). Je ne sais même si je réussirai à
« voir un poisson et à faire le triton sans frais
« trop énormes.

« Vous parlerai-je de la Hollande? Non, mes im-
« pressions commencent à peine et ne peuvent en-
« core ni se classer ni se définir. D'ailleurs il faut
« avoir l'esprit libre, le cœur gai et le corps tran-
« quille pour s'amuser aux descriptions. Or, je suis
« encore en l'air et même en souci ; je suis encore
« fatigué de quatre mauvaises nuits, énervé des
« épouvantables chaleurs éprouvées en wagon (four-
« neaux chauffés tout le jour par le soleil et rem-
« plis de la fumée *suyeuse* des locomotives); donc
« l'imagination a peu d'entrain à déployer ses
« ailes.

« Mon voyage a été sans charme (un jour ex-
« cepté sur le Rhin en bateau). J'ai couché (je ne
« dis pas dormi) à Bâle, Mayence, Cologne et Ams-
« terdam avant d'arriver à la Haye, et je n'ai

« trouvé un chrétien de connaissance qu'avant-hier
« dans la personne d'un pasteur neuchâtelois [1] qui
« m'a creusé un puits au désert et trouvé un
« rocher dans la marée.

« L'argent fond comme la neige, j'ai eu beau-
« coup de désagréments et je me demande si toute
« l'entreprise n'est pas une bévue médicale et pit-
« toresque. Non, l'expérience est en cours et ne
« doit pas être jugée avant son terme. Tous les
« déboires sont une avance de fonds et ne comp-
« tent pas si le but final est atteint.

« La morale de ces six jours est celle-ci : il faut
« la robuste santé de la jeunesse et le Pactole dans
« sa poche pour voyager sans ennui. Depuis ma
« tournée d'Europe, les prix ont triplé et quadru-
« plé, et mon sommeil demande des ménagements
« que les hôtels n'offrent plus. Un peu de silence
« et d'obscurité entre onze heures du soir et six
« heures du matin est une condition introuvable,
« et je n'ai dormi suivant les endroits que quatre,
« trois ou deux heures par nuit, et encore par mor-
« ceaux. Cela m'exténue. De plus un pauvre diable
« de professeur ne peut subsister dans les hôtels
« aux prix actuels.... Tout ce que la république
« me donne dans une année, suffirait à peine pour

[1] M. Gagnebin.

« soixante-six jours à Amsterdam, sans accessoire
« quelconque de fiacres, théâtre, etc.... Combien
« d'articles à la *Bibliothèque Universelle* ne fau-
« drait-il pas pour exister dans ce milieu dévorant
« où le Nabab seul se meut à l'aise?

« Autre contrariété. Usé par la chaleur pendant
« le voyage, je trouve la pluie à cette heure où le
« soleil serait si bien en place. J'avais même assez
« froid ce matin. Cette nouvelle température, plus
« les vents coulis systématiques des maisons hol-
« landaises m'ont rengrégé mon petit rhume gene-
« vois. Bref, je suis peu satisfait et peu rassuré. »

Le temps fut très mauvais à Scheveningen ; la
saison était déjà un peu trop tardive; les tempêtes
étaient fréquentes, il y en eut une plus furieuse
que les autres qui nous valut ce sonnet :

La tempête rugit dans une nuit sans lune.
Brassé par l'ouragan, fouetté par les éclairs,
L'âpre Océan du Nord de ses crocs mord la dune,
Comme un lion broyant de palpitantes chairs.

La foudre sur mon toit plus tremblant que la hune,
Dans des lueurs de souffre et de mauve, en traits clairs,
Vingt fois a buriné son éclatante rune ;
De l'abîme et des cieux les gouffres sont ouverts.

Comme l'ange du doigt tournait l'Apocalypse,
Océan, vas-tu donc, en cette affreuse éclipse,
Sous tes flots, écrouler ces rivages perdus.?

Et toi, forge de flamme, ô nue, à coups de foudre
Vas-tu pulvériser ces bords et les dissoudre ?.....
Faites, je suis à Dieu ; frappez je ne crains plus [1].

Leyden, 6 septembre 1873.

« Me voici prisonnier. A deux pas du chemin de
« fer qui doit m'emmener à Haarlem est un restau-
« rant. Il pleut ; j'ai une heure libre, et le jardin-
« café, riche en fleurs et en poissons rouges, où je
« suis venu échouer pour ma famine et ma surprise,
« ne m'ayant rien mis sous la dent, je tire mon en-
« crier de poche comme arme défensive et distrac-
« tive. La journée du reste a été pleine d'imprévu
« (presque tout de l'espèce désagréable), mais je
« tiens à cette heure un dédommagement et j'en
« use.

« Bonne petite filleule, ma cure marine a fini en
« pointe. A mon dix-huitième bain je me suis re-
« froidi et le médecin m'a renvoyé. Je tousse pas
« mal, et comme la pluie quotidienne me poursuit,
« je ne suis pas satisfait de l'état de votre parrain.
« Pourtant je ne veux pas quitter la Hollande sans
« l'avoir vue et je suis mon petit programme.

« J'ai vu Delft et Rotterdam, la Haye et Leyde.
« Ce soir je couche à Haarlem et je m'arrange à

---

[1] *Jour à Jour*, page 113.

« n'arriver dimanche que dans l'après-midi à Ams-
« terdam, pour ne pas déranger le pasteur Gagne-
« bin qui compte me piloter un peu dans la grande
« cité.

« Je pense consacrer un jour et demi à Amster-
« dam et voir Utrecht mercredi. Si le temps reste
« à la pluie il me faudra peut-être renoncer à la
« Belgique par laquelle je comptais revenir en
« Suisse. Ce serait bien contrariant, car on aime à
« utiliser un voyage et à rapporter au moins quel-
« ques connaissances, surtout si le but hygiénique
« est manqué.

« Tous les jours du reste nous avons des éclair-
« cies et des coups de soleil, hier au soir un clair
« de lune superbe, et j'ai vu ainsi les paysages et
« les marines hollandaises sous tous leurs aspects
« possibles.

« Vous parlerai-je maintenant de Delft la silen-
« cieuse, de la Haye la diplomatique et l'élégante,
« de Rotterdam la commerciale et la boueuse, de
« Leyden la recueillie et la savante, ou de la sa-
« blonneuse Scheveningen? On n'en finirait pas et
« la nuit vient.

« Vous raconterai-je les musées, les tableaux,
« les camées, les antiquités, les raretés biblio-
« graphiques, les collections ethnographiques, zoo-
« logiques, minéralogiques, etc.? Ce serait plus
« long encore.

« Et les canaux, les pâturages, les barques, les
« canards, le bétail, les moulins à vent. En ai-je
« vu, grands dieux! Et les nuages de toute forme,
« et les ondées et les giboulées, quelle collection!
« Mais tout cela, ce chaos, ce brouhaha, cette
« mêlée d'images et d'impressions se prête mal à
« la correspondance; il faudrait une myriade de
« photographies. Cet entassement de fariboles ne
« m'aura pas été inutile pour comprendre l'art,
« l'histoire, la littérature et les mœurs de ce peu-
« ple aquatique. J'ai étudié un peu sa langue pour
« compléter l'incursion dans sa vie et son génie....

« En somme il me semble que je n'ai pas tout à
« fait perdu mon temps, bien que mes espérances
« aient été déçues. »

Si la lettre de la Haye, où le professeur exprime quelque regret des énormes dépenses auxquelles il se voit condamné, faisait supposer qu'il était avare, ce serait une erreur; personne au contraire n'avait le cœur plus généreux et la main plus ouverte. Il donnait aussi libéralement son argent que ses conseils. Il avait de l'aisance sans être riche, et il faisait plus de bien que beaucoup de millionnaires. Il ne repoussait aucune requête, il n'éconduisait nul solliciteur, bien plus, vis-à-vis des timides il allait au-devant de la demande, et avec quelle délicatesse, quelle grâce, quelle discrétion! Il suivait bien vraiment le précepte de l'Évangile et sa main gauche ignorait les bienfaits de la droite. Mais en même temps il était, comme son père, sévèrement économe. Il vivait simplement, ne faisait guère de dépense pour lui-même, sinon celle des livres. Ses comptes de librairie variaient de six à huit cents francs par année ; avec des photographies de tableaux qu'il achetait de temps en temps, c'était tout. Mais combien il dépensait davantage en aumônes et en cadeaux !

« Je soigne bien ce que j'ai, disait-il, parce que
« si je venais à perdre ma petite fortune je ne sau-
« rais la refaire. »

Nous trouvons sur un vieux livre de comptes ces lignes qu'il y écrivait en date du 4 juillet 1850 :

« Conduire ses affaires, c'est jouer une partie
« d'échecs, l'enjeu c'est tout ce qu'on possède ou
« gagne ; le but, c'est tirer de ces données tout
« le parti possible, en calculant juste et en pré-
« voyant.

« En prenant le calcul budgétaire de ce côté
« mathématique, comme un problème à résoudre
« il m'intéressera et me piquera. »

Il y réussit, et pourtant que de mauvaises créances ! que d'argent prêté jamais revu ! cinq mille francs ici, dix mille francs là, sans parler des plus petites sommes. Son économie eut raison de toutes ces pertes : son bien patrimonial avait été de soixante mille francs, vers la fin de sa vie il en possédait près de deux cent mille, et il n'avait fait cependant que de très minimes héritages.

IX

L'année 1874 marqua tout particulièrement dans la vie de Frédéric Amiel.

Depuis longtemps il avait à la joue droite un petit bouton suppurant qui, insuffisamment cautérisé, s'était étendu et avait pris une apparence granuleuse et rougeâtre qui le faisait ressembler à la cicatrice d'une blessure. Les gens qui ne connaissaient point particulièrement le philosophe, sachant qu'il avait étudié à Heidelberg, prenaient cela pour la trace d'un coup de rapière. C'était à peine laid, mais voyant cette marque s'étendre toujours quoique très insensiblement, le professeur s'inquiétait et cette préoccupation jointe à celle que lui donnait sa gorge l'attrista beaucoup pendant l'hiver de 1873 à 1874; heureusement qu'il avait toujours une double ressource : son journal et la poésie.

Depuis la publication de la *Part du Rêve* il avait fait beaucoup de vers; ses tiroirs en étaient remplis. Quelques amis, de ceux qui savaient l'apprécier, le pressaient de leur donner encore un volume poétique. Il y pensait, et de temps en temps mettait à part les pièces qui lui paraissaient le plus intéressantes. Il en lut un jour quelques-unes dans une séance de l'Institut. Un très fin littérateur, M. Charles Ritter (maître de latin au collège de Morges pendant plusieurs années), qui avait été de 1856 à 1858 au nombre des auditeurs du professeur Amiel, et qui goûtait infiniment la *Part du Rêve* et *le Penseroso,* lui exprima à l'issue de la séance une admiration qui lui alla d'autant plus au cœur qu'il était plus triste à ce moment. De ce jour les rapports entre le poète et celui qui se disait modestement son disciple, rapports toujours affectueux, devinrent plus suivis et furent assez étroits pendant quelques mois. Tout le portefeuille poétique fut confié à M. Charles Ritter, et ses encouragements, comme aussi ceux de son frère[1], furent pour beaucoup dans la décision que prit alors Frédéric Amiel de publier un volume nouveau. Après avoir essayé un grand nombre de titres, il se décida à peu près pour celui de *Méandres,* qui lui semblait exprimer assez bien la marche de la muse à travers le labyrinthe de la sensation, du sentiment et de la pensée.

[1] M. Eugène Ritter, professeur à la Faculté des lettres de l'Université.

Au mois de juillet il se rendit à Bex où il consulta de nouveau le docteur Cossy, qui, après un examen attentif, lui dit qu'il avait un tempérament d'homme de lettres, vulnérable et délicat, mais capable de longévité avec une hygiène bien entendue. Quant à l'affection de la joue, il reconnut un *épithélioma*, pour lequel tout traitement interne était inutile, et il inclinait pour l'ablation, tout en disant qu'elle ne pouvait être décidée que sur l'avis d'un chirurgien de premier ordre. Ce verdict joint à la pluie persistante n'était pas pour égayer le pauvre malade :

Bex, 30 juillet 1874 (midi).

« Il pleut depuis trente heures. Je suis prison-
« nier du brouillard qui traîne très bas sur la vallée
« et noie les montagnes de la cime à la base. Ma
« chambre qui occupe le fronton de la succursale
« du Grand Hôtel est un observatoire des plus com-
« modes, et a une superbe vue quand il y a vue. A
« ses pieds se déploie tout l'ensemble des construc-
« tions de l'établissement, et plus loin les coteaux fo-
« restiers de Duin et de Chiètres, encadrés à gauche
« par la croupe énorme d'un contrefort de la Dent
« de Morcles et à droite par la Dent du Midi qui
« s'élève dans toute l'audace de sa pyramidale
« beauté. Tout est vert, jardins, vergers, coteaux,
« montagne. C'est un velours pour les yeux.....

« J'ai eu quelques bouts d'entretien avec le
« docteur ; c'est je pense ce soir qu'il me donnera
« son opinion raisonnée et écrite et je ne fermerai
« ma lettre que lorsque j'aurai arrêté quelque chose
« sur l'emploi ultérieur de mon mois d'août.

« En attendant je lis les journaux et les revues,
« et je flâne consciencieusement. Causé avec deux
« Parisiens, un Norvégien et un Bernois, et joué
« hier pendant la pluie, quatre parties d'échecs
« avec un baron prussien. Votre parrain n'en per-
« dit aucune, à sa grande surprise, car l'adversaire
« avait l'attaque serrée, ses pions faisaient cui-
« rasse et coin. J'ai dû une fois faire faire à son
« roi tout le tour de l'échiquier, et ne l'ai abattu
« que sur la place même du mien. Comme élève
« vous auriez eu de l'intérêt à suivre cette combi-
« naison...

« *7 heures du soir*. Pouah ! Je m'assoupis d'ennui,
« de tristesse et de bâillement. Tête lourde, cœur
« pesant, vue et ouïe fatiguées par ce temps norvé-
« gien, cette pluie qui n'en finit pas, ce brouillard
« terne qui m'enveloppe de ses plis..... J'allume
« ma bougie pour continuer, mais la vaste chauve-
« souris du spleen bat des ailes sous mon plafond.
« Je ne sais ce que j'ai.....

« *Le 31, 7 heures et demie du matin*. La
« pluie est arrêtée mais le ciel cendré et soucieux

« pourrait fort bien se remettre à pleuvoir. N'im-
« porte, c'est déjà un soulagement..... Le glaçon
« protecteur qui entoure chacun dans ce qu'on
« appelle la bonne compagnie rend les grands
« hôtels assommants. La morgue anglaise est de-
« venue le ton habituel, et on regrette toujours
« d'être sorti de sa réserve car on y gagne une mor-
« tification. Aussi l'ennui britannique devient-il le
« dieu du logis. Cela et la pluie perpétuelle, et la
« toux et d'autres préoccupations mélancoliques
« ne m'amusent guère. Bah ! »

Le médecin attendu conseilla l'ablation ; l'arrêt fut confirmé par quatre autres chirurgiens[1], et il fut décidé que le professeur irait à Paris en octobre se confier aux soins du célèbre docteur Verneuil. Il alla attendre à Charnex le moment de son départ.

Charnex, 7 septembre 1874.

« Que n'êtes-vous ici, coloriste à l'œil ouvert,
« vous vous pâmeriez devant nos couchants et nos
« aurores, car les montagnes sont d'améthyste, le
« lac de saphir, les pelouses d'émeraude, et la joail-
« lerie des nuages est plus riche encore. Cette na-
« ture est paradisiaque, ce temps édénique. J'ai

---

[1] MM. Carrard et Joël, le prof. Hardy, de Paris, et le prof. Lebert, de Berlin.

« peine à vous sentir dans votre pénombre de la
« Grand'rue, sous les ombrages roussis de la
« Treille ou des Bastions quand septembre se fait
« suave et magnifique. Il est vrai que vous avez
« les illuminations de la fantaisie et de la verve,
« et les satisfactions de la conscience qui valent les
« féeries des tristes épicuriens. C'est égal, j'aime-
« rais bien partager avec vous..... »

13 septembre.

« Je passe mon temps à la fenêtre ou à la pro-
« menade quand il fait beau. Quand le ciel est
« sombre je feuillette les neuf cents brimborions
« rimés qui rôdent dans un coin de ma malle et
« j'essaie de m'y intéresser pour faire plaisir à ma
« filleule et à mon *discipulus* Charles Ritter.....

« De santé je suis assez joliment et, en tirant un
« voile sur l'avenir prochain, je réussis à m'amuser
« et à me distraire comme au bon temps. Je vou-
« drais seulement que ma filleule pût aussi délec-
« ter ses yeux, reposer ses nerfs et faire aller ses
« pieds dans cette splendide nature. Ce serait juste,
« et je ne vois pas pourquoi mon privilège n'est
« pas aussi le sien. Il est vrai que sa santé n'est
« pas, grâce au ciel, dans l'état de la mienne. Mais
« comme le dit le proverbe allemand :

Auf jedem Häuslein
Steht ein Kreuzlein.

« C'est la tradition humaine..... »

Dimanche, 10 heures du matin.

« Bel après-midi. Promenade ravissante dans la
« forêt du Cubly. Prodigieux coucher de soleil.
« Après souper on m'a fait lire du Béranger et
« du Sainte-Beuve. Pour la première fois depuis
« six semaines j'étais en voix. Volupté devenue rare.
« J'en use comme un sourd qui retrouve l'ouïe un
« beau soir. Une force retrouvée est une surprise
« émouvante quand on sait que ce n'est qu'un
« prêt temporaire et fugitif..... »

« Vous me demandez à quoi se passent ici les
« jours ? A promener, rêver, causer et ne rien faire.
« Après le déjeuner (8 heures du matin) je prends
« mes jumelles et mon parasol, et je vais m'éten-
« dre une heure ou deux sous quelque arbre de la
« montagne, pour contempler l'immense paysage
« du Bouveret à Évian et de Montreux à Nyon.
« L'œil et l'oreille ont assez à faire dans cette re-
« vue contemplative. Et cette heure dure souvent
« trois ou quatre fois soixante minutes.
« Après le dîner (1 heure du soir) causerie sur la
« terrasse, parties d'échecs, lecture des journaux.

« Je ne suis guère dans ma chambre que de
« onze heures et demie à une heure le matin et de
« quatre à cinq et demie du soir, soit trois heures
« tout au plus.

« Après souper, société. Musique. Conversation.
« Arrivée du facteur. D'ordinaire on me fait faire
« une lecture. J'ai essayé du Béranger, du Lafon-
« taine, du Sainte-Beuve, on m'a demandé quel-
« ques poésies de la *Part du Rêve* .....

« Lu pour ma part Sully Prudhomme et Mme Acker-
« mann ; effleuré un volume ou deux de philosophie.
« Et voilà tout à Charnex.

« Maintenant ajoutez les visites qu'on reçoit, les
« promenades en société, les quelques lettres d'af-
« faires qui n'attendent pas, les acrostiches qu'on
« me réclame, une excursion à Bex, etc., vous
« comprendrez où s'envolent les heures et que onze
« jours ne paraissent rien.

« La seule vue que j'ai de mes fenêtres est déjà
« un poème. Je me laisse donc vivre, oubliant les
« anxiétés de Clarens et de Bex, écartant les sou-
« cis de l'avenir et les tristesses du passé, bercé
« par le présent, humant les rayons et les brises
« d'automne et m'abandonnant à l'insouciance en-
« fantine avec le sentiment ému de ce qu'elle
« vaut. »

Cette insouciance, quand on songe à ce qui allait

suivre, n'a-t-elle pas quelque chose tout à la fois d'héroïque et de charmant ?

Au moment de partir pour Paris diverses circonstances le décidèrent à subir l'opération à Lausanne.

Lausanne, 7 octobre (pension Mansfeld).

« Chère filleule, on va m'ôter ce matin le vilain
« bobo de la joue droite que la douceur n'a pu ex-
« pulser ni la patience. On dit l'opération sûre et
« j'aurai deux médecins[1], dont l'un est un ami,
« pour y présider. De plus on me chloroformera.

« Soyez assurée, chère Berthe, que je n'ai né-
« gligé aucune des précautions de la prudence ; le
« reste est à la Providence qui se réserve les résul-
« tats par droit de souveraineté. »

Le lendemain, 8 octobre, nous recevions ce petit billet, écrit au crayon :

« C'est fait, tout va bien, mais je ne puis ni par-
« ler, ni écrire, ni me lever. Je suis bien soigné, ne
« vous inquiétez pas. »

Pendant quelques jours nous n'eûmes que des nouvelles indirectes. Enfin le 19 octobre, le cher malade nous écrivit une lettre assez longue :

« Le massacre du 7 se refait peu à peu. Des

---

[1] M. le docteur Rouge et M. le docteur Joël.

« complications ont traversé la convalescence, mais
« je prends le dessus graduellement. A cette heure
« je puis lire, écrire, parler avec modération, et je
« me lève pour douze heures. Ma photographie ce-
« pendant vous effrayerait encore. Vous auriez sur
« ma joue un beau spécimen d'autoplastie, c'est-à-
« dire de broderie chirurgicale. Le chirurgien pré-
« tend que je ne serai pas défiguré. Pour le mo-
« ment, en dépit de douze jours de progrès j'ai
« encore un masque de bois..... »

Le 30 octobre il nous donnait les détails suivants :

« Ma sœur G***, qui est venue me trouver le 26,
« m'a fortement conseillé de prendre quelques
« mois de repos après cette violente étrillée. Mes
« deux docteurs sont du même sentiment. Il serait
« pour moi pénible et mal séant de me produire
« dans l'état où est mon visage, balafré, grima-
« çant, mal cicatrisé, sans parler de l'inconvénient
« du travail immédiat pour mon œil droit et pour
« mon cerveau encore débile. Bref, on me persuade
« d'aller me refaire doucettement quelque part
« tout en extirpant si possible mon irritation bron-
« chique que cet épisode fâcheux a laissée telle
« quelle. La santé passant avant tout, il a bien
« fallu me rendre. Demain je vais donc adresser en
« lieu officiel une demande de congé sur l'ordre de
« la faculté . . . . . »

Plus tard, le 4 novembre, il nous écrivait :

« Les *Méandres* sont prêts, sauf la dédicace. Je crois avoir trouvé moyen de leur donner de l'ordre et de l'unité. Ce n'était pas aisé avec ces trois cents brimborions égrenés. Quel dommage que je n'aie pas pu vous avoir une semaine à Clarens, nous aurions bien vite arrangé cela, et bien des scrupules de détail qui me restent auraient pu être enlevés. Mais fait-on jamais ce qu'on désire ?.....

« Comme vous le dites, la santé revient, je suis souvent gai ; mais pour la « beauté » bernique ! et j'appelle la beauté, être seulement présentable, et ne pas faire aboyer les chiens ou fuir les gens :

« Je me cache comme une autruche
Tant le scalpel m'a rendu beau,
Comme un canari je m'épluche....
Je suis oiseau, je suis oiseau !
Oiseau dont a coupé l'aile,
Oiseau dont tarie est la voix,
Oiseau sans la voûte éternelle,
Et sans la source et sans les bois.

« Jadis j'ai connu l'essor libre,
Et le grand vol et les chansons ;
Hélas ! en moi plus rien ne vibre
Qu'un cœur triste et plein de frissons !

Je suis l'oiseau pris par la patte
Captif en un cachot d'osier,
Et que je m'agite ou débatte
Le destin me laisse crier.

« Parfois ma détresse est profonde,
J'erre en ma cage comme un fou ;
Il est dur quand on eut un monde,
Dur, de se musser dans un trou.
Mais non, mais non, c'est un blasphème
De ne penser qu'aux biens ravis ;
Je puis songer à ceux que j'aime,
C'est vivre encore, et je survis. »

On voit de quel secours la poésie était au cher malade, et quelle distraction elle lui apportait. Le nombre des pièces composées en ce temps d'épreuve est considérable ; à rimer ses appréhensions il les oubliait, et sûrement alors il donnait raison au proverbe allemand :

Ein Tropfen Kunst ist besser als ein Meer von Wissen.

Mais il craignait à tort de rester défiguré ; lorsqu'il revint à Genève au milieu de novembre, la cicatrice n'avait plus rien de désagréable à voir, et au printemps suivant elle était presque entièrement effacée.

Il s'était décidé pour la station d'Hyères ; le froid

commençait à se faire sentir ; il fallait se hâter de gagner le midi. Le temps manquait pour la publication des *Méandres* ; elle fut remise à plus tard.

Hyères, 8 décembre 1874 (Hôtel des Étrangers).

« Il est deux heures et demie du soir. Depuis ce
« matin mes deux larges croisées sont ouvertes
« embarquant le soleil et regardant la mer. Et
« cependant le vent du nord souffle ; même il
« rugissait cette nuit. Un grand ciel bleu, des
« avenues de palmiers, un horizon de collines
« montueuses faisant à la ville un cadre de verdure
« où l'olivier et le chêne-liège dominent, la vie en
« plein air, le bien-être, la lumière, la gaieté : tels
« sont les revenants bons de la Provence d'où votre
« parrain a le plaisir de vous écrire. Parti de Ge-
« nève avec l'hiver et la neige, il a retrouvé ici le
« paysage feuillu, les haies de roses fleuries, les
« cousins et les mouches, c'est-à-dire le printemps.
« Le palmier y mûrit ses régimes roux, l'oranger
« ses fruits d'or et l'arbousier sa fraise pourpre.
« Cela réjouit les yeux septentrionaux. Mon hôtel,
« à la lisière méridionale de la ville, fait face à la ri-
« che plaine coupée de cultures et frisée d'oliviers,
« qui va expirer une lieue plus loin, aux bords des

« flots bleus du golfe qu'enferment des promon-
« toires à droite et à gauche, et que limitent au
« large les îles d'Or. Vingt-cinq vaisseaux, à deux
« ou trois mâts, emplissent ce matin la nappe azu-
« rée qui est un peu trop loin cependant pour l'effet
« pittoresque.....

« J'ai pour voisins de chambre un de vos collè-
« gues de la *Bibliothèque universelle,* M. Rodolphe
« Rey [1]..... Ce valétudinaire, déjà trois fois con-
« damné à mort, se soutient et se maintient avec
« un succès tel, qu'il a chance de rendre à d'au-
« tres qu'à mon pauvre ami Heim (dont j'ai été
« visiter la tombe tout à l'heure) les honneurs fu-
« nèbres. Il tient à un fil, mais ce fil est d'acier à
« cinq bouts et portera son homme longtemps...

« Mon hôtel ne tient qu'une vingtaine de pen-
« sionnaires, la plupart français, mais rien qui
« mérite d'être noté... Je trouve les conversations
« vides, les têtes molles, les langues bruyantes, les
« jambes paresseuses et les ressources minces. J'ai
« parcouru un peu la ville et ses prochains envi-
« rons, étudié son histoire et la description de la
« vallée, joué aux dames et aux échecs (avec des
« mazettes malheureusement) et pris la mesure de
« mes commensaux... »

[1] Mort en 1882.

27 décembre

« ..... Que je vous raconte un peu les fredaines
« de la maison. M. Rodolphe Rey prétend qu'on a
« plus ri, dansé et tapagé ces quatre derniers jours,
« que dans ses quatorze séjours réunis à Hyères.
« La cause est dans la gaieté entreprenante de
« deux personnes : un sexagénaire de Caen, joueur,
« galant, facétieux et gaillard, et une dame juive
« de Lyon qui est l'entrain personnifié. Depuis
« quelques jours le champagne, les sauteries et les
« folies se succèdent. La veille de Noël, sapin
« allumé ; j'ai pour ma part rapporté une trom-
« pette, un bébé de porcelaine et un bonnet phry-
« gien. La main chaude, colin-maillard et les petits
« jeux sont même entrés en ligne... Votre vénéra-
« ble parrain ne s'est pas refusé à rire avec les fous,
« mais hier il n'est resté qu'une heure dans le
« tourbillon. La toux l'a ramené dans sa chambre
« où le vacarme l'a privé de sommeil. Il batifole-
« rait comme un autre, mais la gorge et les yeux
« le rappellent à l'ordre...

« Aujourd'hui, dimanche, la grande place de la
« rade était couverte de monde : carrousel à l'an-
« gle, musique municipale au centre, Hyérois et
« Hyéroises en foule, bon nombre d'étrangers
« peuplaient ce corso provençal. Rencontré une

« frimousse de vieux corsaire et un sosie de
« M. Thiers. Promenade avec M. Cahen, notre
« virtuose israélite, un Lyonnais de vingt-quatre
« ans [1] qui repose ici ses nerfs. Tous les jours il
« nous donne du Mozart, Beethoven, Mendelssohn ;
« il compose maintenant une chanson sur des pa-
« roles de moi. Sujet : la *Gentillesse*. (Hesse est le
« nom de cette maman juive qui met tout en tour-
« billon ici.) Voici ce badinage :

>La Gentillesse est un trésor,
>C'est la grâce française.....
>Sa bonne humeur et son cœur d'or
>Qui met chacun à l'aise,
>Ses yeux bleu clair, ses rires francs,
>A cette enchanteresse
>Ont valu les quatre pieds blancs.
>Vive la gentillesse !

>La sagesse est à priser haut,
>On vante la finesse.
>Qu'on vous exalte, s'il le faut,
>Jeunesse et vous tendresse !
>Mais un charme plus attrayant
>Est mieux à notre adresse :
>Vive l'esprit émoustillant !
>Vive la gentillesse !

---

[1] Ce jeune pianiste et compositeur de talent est mort en 1877.

Bon Dieu! que le grammairien,
Sot que tout rend perplexe,
Est peu fait pour décider bien
Les questions de sexe!
Disons donc à cet aigrefin
Qui se trompe sans cesse,
Que gentilhomme, au féminin,
Doit faire gentillesse [1].

[1] La *Gentillesse* ne fut pas la seule chansonnette que le professeur Amiel fit pour l'aimable juive. Son jour de naissance (elle était née le 29 février) lui en inspira une autre fort originale que M. Cahen mit aussi en musique :

> Je naquis avant le printemps,
> Sans avoir été demandée.
> Que voulez-vous, dans tous les temps
> Je n'ai suivi que mon idée.
> Ayant de sept frères et sœurs,
> Dont je devins la coqueluche,
> Fait des sujets, des défenseurs,
> Je fus la reine de la ruche.
>
> L'homme, ce roi facétieux,
> Sans la femme n'est qu'un sauvage;
> Il ne doit voir que par nos yeux;
> Mais dorons lui son esclavage.
> Ce roi n'est fait que pour servir;
> Je le sus tôt car j'étais fine,
> Et jouai partout à ravir
> Le rôle attrayant de dauphine.
>
> Mais le sceptre rend généreux ;
> Au fond j'étais bonne princesse :
> J'ai voulu faire des heureux,
> Et j'ai fait des heureux sans cesse.
> Père, époux, fils, amis, parents
> En conviendront, oui, je le gage;
> Et même des indifférents
> J'invoque ici le témoignage.

5 janvier 1875 (2 heures après midi).

« Le croiriez-vous ? il fait si beau et si chaud aujourd'hui et à cette heure, qu'on se croirait en fin mai sur les bords du Léman. Il va sans dire que mes fenêtres sont ouvertes aux rayons de ce soleil de fête, et volontiers on se mettrait en bras de chemise pour écrire. Tout notre monde est en promenade, et les parasols sont de la partie. La vue est lumineuse et tranquille. Une lieue de vergers nous sépare des flots bleus de la Méditerranée. La vaste rade qu'enferment deux caps et trois îles, est veuve de tous ses vaisseaux ancrés pendant le mauvais temps ; je n'aperçois plus que quelques bricks et l'énorme vaisseau de

>
> Et si vous demandez pourquoi
> Je n'ai jamais fait qu'à ma tête,
> Je puis vous l'avouer, ma foi,
> Car aujourd'hui c'est jour de fête.
> Aux enfants, pardonner beaucoup
> Est convenable et nécessaire :
> Messieurs, je n'en suis après tout
> Qu'à mon neuvième anniversaire.
>
> Une morale pour finir :
> D'abord tâchez de naître fille,
> Et puis ensuite de venir
> La huitième de la famille.
> Enfin, surtout, pour défier
> Le temps ce visiteur hostile,
> Naissez au bout de Février
> En choisissant l'an bissextile.

« guerre l'*Alexandre*, qui sert d'école aux jeunes
« marins. Les agrès découpent l'horizon maritime
« entre les îles de Porquerolles et de Porteros, et
« ses sabords blancs reluisent au soleil. Entre lui et
« moi, à une portée de fusil est le couvent des
« sœurs de l'Espérance, flanqué d'un *eucalyptus*,
« sorte de peuplier australien qui fournit les plus
« grands végétaux de ce pays.

« Sur ma table est un verre d'eau de goudron,
« sur ma cheminée repose le baume de tolu et le
« sirop de bourgeons de sapin. C'est vous dire que
« malgré la beauté de la cage, l'oiseau est incom-
« modé. Il a un rhume si violent qu'il en perd le
« sommeil, et a déjà vu quatre fois le médecin. La
« verveine, la bourrache, le lierre terrestre, l'eu-
« calyptus y ont perdu leur latin; la guimauve, la
« gomme, les pastilles n'ont pas été plus heureuses;
« c'est dépitant et attristant. L'enrouement et
« l'oppression ont résisté à la douceur et à la vio-
« lence; nous essayons maintenant les révulsifs
« cutanés... Une quinte âpre vient de m'inter-
« rompre et de me secouer comme hier, comme
« cette nuit. Je n'ai pas de chance. Arrivé ici un
« peu amaigri mais en bon état, je me détériore
« chaque jour... Cela contrarie mes intentions de
« travail, mes projets de voyage et mes espérances
« de santé.....

« Je n'écris pas mais je lis. Ce qui m'a le plus
« intéressé cette année, c'est le poème provençal
« de *Mireille*. Le lire en Provence c'est mettre le
« portrait dans son cadre. L'auteur se nomme
« comme la bise du midi : Mistral. L'œuvre est
« belle... »

8 janvier

« Cela va mieux. Les âpres quintes de la toux
« ont cédé aux bourgeons de sapin et à la pa-
« tience. Cette nuit a même été bonne, et je puis
« espérer redevenir maître de moi-même. La jour-
« née a été splendide. Il faisait même trop chaud
« (20° ce matin dans les chambres ouvertes). A un
« éblouissant soleil a succédé un grand clair de
« lune, et le vent du nord assainit cette tempé-
« rature étonnante. Aussi l'entrain semble revenir
« au gîte, et l'abattement musculaire de ces der-
« nières semaines s'en aller avec le malaise. Tou-
« tefois je ne veux pas confondre le mieux-être avec
« la guérison, et me garderai d'imprudence, car je
« serais honteux de revenir à Genève sans avoir
« rien vu ni voyagé, et il faut que je me rende pos-
« sible la vie de touriste pendant deux mois. Donc,
« je me soigne et me dorlote. L'exemple de mon
« voisin Rodolphe Rey m'est salutaire et instructif,

« et c'est suivre en même temps vos amicales in-
« structions....

« Le nouveau roman de Victor Cherbuliez (*miss
« Rovel*) en est à sa cinquième partie; je n'ai lu
« que la quatrième où il y a crânement de verve,
« d'esprit et d'audace...

« Onze heures sonnent. Bonne nuit. Les pau-
« pières me cuisent. A demain. »

Le 19 (10 heures du matin).

« Nuit médiocre; rechute; passablement toussé.
« Il ne faut pas me glorifier trop vite et croire mes
« ailes bien collées.....

« Temps magnifique. Vaste azur, inondation de
« soleil. La mer reluit comme un bouclier. Bien
« entendu que je m'abrite derrière les murs; ces
« flèches d'Apollon me congestionnent...

« J'ai retranché Athènes[1] de mon programme,
« mais non pas encore une excursion en Italie.
« Cependant celle-ci n'est qu'une espérance, et
« subordonnée à la question de santé, cela va sans
« dire...

« Je viens de lire deux romans de Miss Braddon

---

[1] Il avait eu quelque intention d'aller voir sa cousine Mlle Aménaïde Cavagnari, directrice de l'Arsakion, qui réclamait sa visite depuis longtemps.

« (*lady Lisle, Rupert-Godwin*) ; ces deux échantil-
« lons sont rebutants. Quel genre déplorable ! Le
« crime et la surprise, grossières ficelles. Fi !... »

23 février.

« C'est encore moi, et c'est encore d'Hyères que
« je vous écris après un long, bien long silence dont
« voici les raisons. Je comptais toujours sur un bien-
« être suffisant pour me permettre le départ et le
« voyage. J'ai attendu, puis les contrariétés sont
« venues à la traverse : refroidissements, recrudes-
« cence de rhume, retours de l'hiver ; de là une cer-
« taine langueur physique et morale, et l'habitude
« de vivre à l'étourdie pour oublier mes ennuis et
« échapper à moi-même. Honteux de mon immobi-
« lité, j'ai laissé fuir les jours sans les compter ; et
« pour ne pas manquer votre réponse en écrivant
« sans ma nouvelle adresse, j'ai sottement manqué
« vos lettres. Il faut que cette situation biscornue
« finisse. Je coupe court avec les explications ; j'ai
« hâte de passer à des choses plus intéressantes.
« Ne me grondez pas trop d'ailleurs, car j'ai
« écouté votre conseil en ne hasardant pas une
« fugue avant de me sentir plus solide...

« Est-ce que depuis un mois la muse vous a vi-
« sitée, ou plutôt lui avez-vous assigné rendez-vous

« et demandé collaboration ? Je sais que vous avez
« beaucoup d'occupations pressantes, mais plus on
« est occupé plus on peut travailler ; les oisifs seuls
« n'ont le temps de rien.......

« Malgré sa tranquillité relative, Hyères a
« aussi fêté le carnaval par une foule de soirées
« dansantes. Notre hôtel a été l'un des plus ani-
« més et des plus gais, et le champagne y a coulé
« à flots bien des fois. J'ai fourni ma petite coti-
« sation par deux ou trois chansonnettes de cir-
« constance, en enseignant quelques jeux et en
« me montrant à quelques réunions. Pourtant mon
« irritation bronchique m'oblige à beaucoup de
« circonspection, et me fait remonter chaque jour
« de bonne heure, car la lumière du gaz me donne
« au bout de peu de temps des quintes de toux.

« Pendant que nous parlons de santé, ma joue
« est convenable, mais cette sensibilité funeste de
« la gorge n'a pas beaucoup diminué. Ce climat
« très sec ne me semble pas être le meilleur pour
« elle....

« J'ai fait dans les environs quelques jolies pro-
« menades. Chez moi, j'ai lu quelques volumes,
« deux de Voltaire, un de Spencer, relu pour la se-
« conde fois *Consuelo*, pour la quatrième *Mireille*;
« relu les deux tiers du Nouveau Testament. Les
« journaux sont encore notre lecture la plus assi-

« due ; ensuite deux périodiques, la *Revue des
« Deux Mondes* et la *Bibliothèque universelle.*
« La conversation est une autre ressource très
« employée. On feuillette ainsi les caractères, et on
« apprend incidemment mille choses.....

« N'oublions pas les échecs et les dames, les
« mots carrés, les anagrammes et surtout la mu-
« sique. Avec notre jeune virtuose nous repassons
« les vraies œuvres : ouvertures, sonates, sympho-
« nies de Haydn, Mozart, Beethoven, souvent des
« opéras entiers. Aujourd'hui par exemple, la pro-
« digieuse *symphonie en ut mineur* de Beethoven,
« deux ou trois morceaux de Bach, et la *grande*
« *marche aux flambeaux* de Meyerbeer..... »

14 mars.

« Jour de pluie. C'est rare ici, la cinquième fois
« en quatorze semaines, tant ce climat est sec. Il
« fait gris, il fait triste et tous nos gens s'*entr'en-*
« *nuient* à qui mieux mieux. Je les ai plantés au
« salon pour éviter la contagion de l'exemple, et
« j'ai tiré mon calepin de correspondance....

« Hier, pour la première et unique fois, été au
« petit théâtre d'Hyères. Agar, de passage, don-
« nait pour notre carême *Polyeucte*. Elle a du ta-
« lent, mais elle ne produit pas grand effet sur qui

« a vu Rachel. Celle-ci était d'une dignité, d'une
« élégance, d'une fierté de pose, de geste, de
« figure et de costume qui ne laissait rien à dé-
« sirer. Cependant elle avait parfois des intona-
« tions un peu dures, notamment dans l'Émilie de
« *Cinna*. Son amour avait un peu l'air vampire.
« Toute la société de notre hôtel était à la repré-
« sentation. Que de pensées fait naître cette poé-
« sie, ce christianisme, ces mœurs, ce système
« théâtral, ce mode de déclamation, ce sujet par-
« ticulier, cet âge de la langue! Dommage que
« vous ne soyez pas ici; quelle interminable cau-
« serie aurait suivi cette représentation!

« J'ai lu ce temps trois gros volumes de philo-
« sophie dans les heures disponibles. Mais en
« somme la vie est très gaspillée dans les hôtels,
« avec le va-et-vient des visites, les repas qui du-
« rent des heures, le tapage du piano, sans parler
« de la poste qui est à vingt-cinq minutes de dis-
« tance, des obligations sociales, des journaux à
« lire, des causeries à bâtons rompus, des prome-
« nades, du long sommeil. La correspondance
« (puisqu'on est un contre huit ou dix) est égale-
« ment un item important du voyageur.

« Aussi quand je me demande ce que j'ai fait de
« ces trois mois, il me semble que je ne retrouve
« que des miettes. J'ai fait connaissance d'un

« pays nouveau, d'une poésie nouvelle, observé
« des caractères variés, des types nationaux divers,
« pénétré dans une construction philosophique qui
« m'était encore étrangère (Herbert Spencer). A
« côté de cela feuilleté les mœurs françaises et
« beaucoup causé. En outre on m'a exercé aux
« échecs, aux dames, aux mots carrés, aux énigmes,
« aux acrostiches, aux anagrammes, aux chanson-
« nettes, et à pied comme à cheval j'ai eu l'avan-
« tage dans ces diverses rescousses.... »

16 avril.

« C'est demain matin que je me mets en route
« pour Genève. Je pense revenir à petites journées
« par Cannes, Nice, Gênes, Turin..............
« Ceci n'est pas une lettre, c'est un bonjour ami-
« cal et un avis de déplacement; c'est aussi une
« espérance de prochain revoir. »

Quand le voyageur arriva à Genève vers la fin d'avril il était assez souffrant et assez soucieux. Il ne pouvait rentrer à son ancienne pension où toutes les chambres se trouvaient prises; il ne pouvait songer à s'installer dans sa bibliothèque; ses sœurs, malgré leur désir, ne pouvaient ni l'une ni l'autre lui donner l'hospitalité. La maison où il devait passer les deux dernières années de sa vie lui fut alors offerte, mais la crainte d'inquiéter quelques amitiés ombrageuses, la lui fit refuser; heureusement qu'il trouva bientôt une pension agréable au n° 9 de la rue Verdaine chez Mme Th.... Il n'en eut pas moins quelques jours de véritable découragement. Ces lignes écrites sur une feuille volante retrouvée en 1881, lors du rangement de sa bibliothèque, en sont une preuve :

   Genève, 28 avril 1875 (dans ma bibliothèque).

« Agitation, inflexibilité de l'esprit, évanouisse-
« ment de la mémoire; trouble, incertitude, in-
« quiétude, désordre. Je ne subordonne plus l'ac-
« cessoire, tout m'apparaît sur le même plan, dans
« la même pénombre. Je ne vois ni mon chemin,
« ni l'ensemble de ma vie, ni seulement de ma se-
« maine. Confusion, trépidation, étourdissement,
« anxiété. Décousu. Besoin d'échapper à l'action.
« Épouvante. Honte.

« Il me semble que je ne suis plus rien, que je
« ne peux plus rien, et que tout le bénéfice de mon
« demi-siècle est perdu. Incapacité, annulation.

« La faculté de résoudre et d'agir m'est deve-
« nue étrangère. Je ne connais plus le vouloir.

« Rentrer dans le combat de la vie et des devoirs
« me semble comme impossible. Je suis comme un

« moine dont on ferme le couvent, comme un er-
« mite qu'on rejette dans la cité humaine, c'est-à-
« dire ahuri, dépaysé, tourmenté.

« Curieuse et douloureuse expérience. Défiance
« absolue de moi-même. Si tu ne sors de ce tour-
« billon tu es perdu. C'est l'impuissance, et plus
« tard la folie.

« Comment te délivrer de ce trouble? Comment
« reprendre le gouvernement de toi-même? Com-
« ment retrouver la clarté, la concentration, l'or-
« dre? Comment redevenir homme? Comment te
« régénérer, renaître ou plutôt ressusciter? Com-
« ment le bois mort refleurira-t-il?

« Notre capacité vient de Dieu, dit l'apôtre
« (2 Cor. III, 5). Demander à la source de tout
« bien la vue nette de son devoir, l'amour de son
« devoir, et la force de le remplir. »

La prière, on le voit, était son recours en tout temps. Ce n'est pas un Dieu sourd que celui à qui il s'adressait; il ne tardait pas à être exaucé; la force lui était rendue et la gaieté donnée par-dessus. Peu de jours après avoir tracé la page douloureuse que nous avons lue, il écrivait ces gracieuses stances qu'il a intitulées *Reverdie :*

> Dans les profondeurs de mon être,
> Labyrinthe aux mille détours,
> O surprise ! je sens renaître
> Comme un soupir des anciens jours.

Aspirations oubliées,
Vagues désirs, jeunes espoirs,
Pudeurs par l'effroi repliées
Comme un lis au souffle des soirs;

Élans confus et magnanimes
Vers les nobles fins d'ici-bas,
Besoin d'escalader les cimes
D'un monde qu'on ne connaît pas;

Songes perdus, formes légères
Qui jadis faisiez mon trésor,
Ombres qui m'êtes étrangères,
Me revisitez-vous encor ?

Après un long, bien long voyage,
Du fond des pays de l'exil,
Attiré par quelque mirage
Mon ancien cœur reviendrait-il ?

Comme une harpe éolienne
En moi résonne son accent.....
Oh! qu'il revienne, qu'il revienne
Ce voyageur longtemps absent!

Et qu'à ses chansons je renaisse
Pour une heure comme autrefois;
Oui, rapportez-moi la jeunesse
Chimères aux tremblantes voix [1] !

---

[1] *Jour à Jour*, page 129.

Ce fut bien une véritable reverdie ; il reprit de l'entrain, de l'ardeur au travail, et le regain de l'automne fut peut-être plus riche que ne l'avait été la floraison du printemps.

X

M. Eugène Secretan de Lausanne avait eu la très heureuse idée de publier, sous le titre de *Galerie suisse*, les biographies des hommes qui, à des titres divers, avaient illustré les vingt-deux cantons.

Il avait fait appel pour remplir son cadre aux principaux écrivains de la Suisse romande[1] et les

---

[1] Cet enrôlement en masse inspira à notre poète le badinage suivant, calqué sur la *Chanson des Aventuriers de la Mer* de Victor Hugo.

> Loin de Tunis et de Surate,
> Joyeux flibustiers sans firman,
> Nous étions, sur le bleu Léman,
> Les hommes d'un hardi pirate.
> Divers de barbes et d'humeurs,
> Mais soumis comme un clan gitane,
> *Sur la galère Secrètane*
> *Nous étions quarante rameurs.*
>
> Le chef corsaire, un dur à cuire,
> Nous racolant sur tous chemins,
> Jeta la rame entre nos mains,
> Et se chargea de nous conduire.
> Il prenait tout : greffiers, rimeurs,
> Peintres, savants, frac et soutane.
> *Sur la galère Secrètane*
> *Nous étions quarante rameurs.*

avait chargés chacun d'une ou plusieurs notices. Le professeur Amiel devait fournir celles de Mme de Staël, de Mme Necker de Saussure et du peintre Hornung. A son retour d'Hyères, se sentant fatigué, il demanda au directeur de l'entreprise de le décharger de ce travail ; mais ses qualités bien connues de fine analyse, de délicatesse de nuance, de condensation surtout, étaient trop précieuses dans une publication où il s'agissait de faire entrer un grand nombre de faits et d'idées dans un très petit espace, pour qu'on renonçât à sa collaboration. On le déchargea de la notice de Mme Necker de Saussure, mais on lui laissa Mme de Staël et il fallut qu'il promît de la livrer au plus tard en septembre.

. . . .

Et nous avons, sur les rivages,
Capturé partout l'abonné,
Et le Léman s'est étonné
De la grandeur de nos ravages.
Mais ce métier change les mœurs ;
L'orgueil nous vient, la peau se tanne.
Sur la galère Secrètane
Nous étions quarante rameurs.

Le forban n'est pas exemplaire !
C'est trop peu d'être intelligents :
Redevenons honnêtes gens,
Abandonnons notre galère.
Fuyons, fuyons les imprimeurs !
Allons planter choux à Catane !
Sur la galère Secrètane
Nous étions quarante rameurs.

Quant à la biographie du peintre Hornung, il fut convenu qu'il la fournirait seulement pour le troisième volume.

Il se mit au travail aussitôt, et non seulement relut par deux fois et en l'annotant l'œuvre entière de Mme de Staël, mais encore il prit connaissance de tout ce qui avait été écrit sur elle. L'été se passa tout entier dans ces lectures qui le passionnaient. On a dit que le chef de la philosophie française s'était enflammé pour la belle frondeuse dont il écrivait l'histoire, notre philosophe à son tour s'éprit de l'*ambassadrice,* cette nature noble, généreuse et sincère « qui réunissait l'exaltation et le
« bon sens, l'entraînement et l'empire de soi, la dé-
« licatesse féminine et la mâle raison, et offrait par
« une combinaison bien rare, l'équilibre d'une sen-
« sibilité excessive, d'une imagination audacieuse
« et d'un esprit éblouissant [1], » et il sentit le regret très vif de n'avoir pas vécu de son temps, dans ce cercle d'élite que réunissait le salon de Coppet, parmi tous ces esprits que Corinne éclairait de son rayonnement. Ce fut avec enthousiasme qu'il prit la plume, et personne, il nous semble, n'a jamais mieux parlé à la fois de la femme et de l'écrivain.

Le nombre de renseignements et d'idées qu'il a

---

[1] Mme de Staël. Galerie suisse, tome II, page 418.

su enfermer dans les seize pages où on l'avait limité est véritablement prodigieux. Il esquisse d'abord en traits rapides la biographie de « cette « femme extraordinaire, magnifiquement douée « par la nature, exceptionnellement servie par les « circonstances, née et mûrie au foyer même des « idées et des événements d'une grande époque, « cette favorite de la fortune qui eut tous les pri- « vilèges, moins celui de la beauté. » Sa plume, rivale du pinceau de Gérard, nous retrace vaillamment « cette physionomie ouverte et mobile, ce « front large entouré de boucles rebelles et coiffé « du turban de Roxane, ce regard intrépide, su- « perbe et franc, ce sourire cordial, cet air de « grande dame et de sybille où percent les deux « attributs de sa nature, la force et la bonté. »

Il nous indique sa qualité foncière et primitive « une vitalité intense, à la fois dévorante et « radieuse, avide d'émotions et de sensations et « non moins portée à l'expansion immédiate. » Il définit la marque distinctive de son talent « la « simultanéité des vibrations de toutes les facultés « de l'être, synthèse joyeuse et ravissante qui la « mettant elle-même à chaque instant en possession « de tous ses moyens, donnait aux autres le senti- « ment de la plénitude la plus complète, et la fai- « sait comparer à la déesse de l'abondance. » Il

nous dit que « son principal et perpétuel moyen
« d'action fut la parole ; qu'elle se résigna à
« écrire pour atteindre le public et la postérité,
« mais que le livre ne fut jamais pour elle que le
« supplément de la conversation. Les contempo-
« rains, ajoute-t-il, épuisent les superlatifs à pro-
« pos de cette conversation. Clavier immense,
« variété inépuisable des motifs, fécondité des
« ressources, instantanéité de la verve, présence
« d'esprit, fulguration et finesse, on dit qu'elle
« avait tout. Les genres et les sujets paraissaient
« égaux à l'incomparable improvisatrice qu'un rien
« mettait sur le trépied. On la trouvait aussi heu-
« reuse dans la repartie, la sentence, le récit, que
« dans l'analyse, la discussion ou le dithyrambe.
« On ajoute, qu'invincible à cette escrime de la
« pensée, elle n'était déconcertée que par la mal-
« veillance : « Je n'ai plus de talent avec les mé-
« chants, » avouait-elle, et ce mot fait plaisir. Il
« rappelle que l'étincelante épée du gladiateur
« était pourtant dans la main d'une femme. »

Après avoir résumé en quelques lignes brillantes
ce que la fille de Necker a été pour la France,
pour l'Europe, pour la Suisse, il termine ainsi :

« Mme de Staël présente à la psychologie un
« phénomène du plus haut intérêt. L'auteur de Co-
« rinne, étant supérieur à Corinne elle-même parce

« qu'elle était plus complète, on peut étudier en
« elle un des deux types parallèles du génie, les deux
« seuls réels tant que l'androgyne de Platon ne
« descendra pas de son nuage. Mme de Staël est le
« génie fait femme, la prêtresse de l'idéal, l'incar-
« nation de l'enthousiasme. Mais cette étude laisse
« mélancolique, car s'il y a d'indestructibles sou-
« venirs, il y a d'irréparables pertes ; or quand une
« telle organisation disparaît de la terre, c'est
« comme un chef-d'œuvre écroulé, comme une
« merveille évanouie ; quelque chose d'unique s'en
« va, et les descriptions les plus exactes des témoins
« les plus fidèles ne sauraient nous rendre le tré-
« sor perdu. »

Cette notice qui devait enchanter M. Secretan d'abord, et le public ensuite, fit au commencement beaucoup de chagrin à l'auteur. Son travail de préparation achevé, il l'avait écrite du 31 août au 8 septembre. « Hélas, disait-il, neuf jours pour « cela ! » Quand il se relut, il trouva son ouvrage si mauvais, qu'il en fut presque désespéré. Son journal a gardé la trace de ce pénible moment :

« Quand j'écris pour l'impression chaque mot
« me coûte, et la plume bronche à chaque ligne,
« vu le souci du mot propre et la multitude des
« possibles qui s'ouvre à chaque phrase.

« Composer demande une concentration, une dé-

« cision et une fluidité que je n'ai plus. Je ne puis
« fondre ensemble mes matériaux et mes idées. Or
« la domination impérieuse de la chose est indis-
« pensable si on veut lui donner une forme. Il faut
« brutaliser son sujet et non trembler de lui faire
« tort. Il faut le transmuer dans sa propre sub-
« stance. Cette espèce d'effronterie confiante me
« manque. Toute ma nature tend à l'impersonnalité
« qui respecte l'objet et se subordonne à lui ; par
« amour de la vérité je redoute de conclure et de
« trancher. — Puis je reviens constamment sur
« mes pas ; au lieu de courir je tourne en cercle ;
« je crains d'avoir oublié un point, forcé une
« nuance, mis un mot hors de sa place, tandis
« qu'il faudrait viser à l'essentiel et tailler en
« grand. Je ne sais pas faire de sacrifice ni aban-
« donner quoi que ce soit. Timidité nuisible, con-
« science fâcheuse, minutie fatale.

« Au fond je n'ai jamais réfléchi sur l'art de
« faire un article, une étude, un livre, ni suivi mé-
« thodiquement l'apprentissage d'auteur : cela
« m'eût été utile et j'avais honte de l'utile. J'ai
« eu comme du scrupule à surprendre le secret
« des maîtres et à dépecer les chefs-d'œuvre.
« Quand je pense que j'ai toujours ajourné l'étude
« sérieuse de l'art d'écrire, par tremblement de-
« vant lui et par amour secret de sa beauté, je suis

« furieux de ma bêtise et de mon respect. L'aguer-
« rissement et la routine m'auraient donné l'ai-
« sance, l'assurance, la gaîté, sans lesquelles la
« verve s'éteint. Tout au contraire j'ai pris deux ha-
« bitudes d'esprit opposées : l'analyse scientifique
« qui épuise la matière, et la notation immédiate
« des impressions mobiles. L'art de la composition
« était entre deux : il veut l'unité vivante de la
« chose et la gestation soutenue de la pensée[1]. »

Il s'était effrayé à tort ; pour être un peu chargé le travail était bon ; il n'y avait qu'embarras de richesses, un mal dont le remède est facile toujours. Avec quelques coupures, quelques allégements de phrases, quelques retouches ici et là, il devint excellent, et le 12 septembre il put être livré à l'impression.

Au printemps de cette même année l'Institut genevois avait ouvert un concours de traduction. Il s'agissait de quatre ballades allemandes[2] à rendre en vers français, aussi fidèlement que possible, Le professeur Amiel, qui était toujours président de la section de littérature, venait précisément

---

[1] *Journal intime*, tome II, page 193.

[2] Die Kraniche von Ibykus (Schiller); Klein Roland (Uhland); Der getreue Eckart (Gœthe); Das Lied vom braven Mann (Bürger).

d'achever sa biographie de Mme de Staël, quand un poète belge, qui avait sans doute entendu parler de ce concours sans en voir le programme, et qui pensait que le choix des pièces était laissé aux concurrents, envoya à l'Institut la traduction de la *Lénore*. Bien qu'il y eut un certain talent dans cet essai, le traducteur de la *Cloche* pensa qu'on pouvait mieux réussir ; tout en s'amusant il fit une version rythmique de la fameuse ballade, et rendit avec un très rare bonheur, et le mouvement de l'original, et ces effets imitatifs dont Bürger a souvent abusé, mais qui dans la *Lénore* ajoutent à l'impression de terreur de cette fantastique chevauchée.

Cet exercice l'avait intéressé ; il employa le reste des vacances à traduire d'autres pièces avec la même fidélité de rythme. Après Bürger il s'attaqua à Uhland : la *Barque*, le *Bon Camarade*, le *Dimanche du Berger*, la *Fille de l'Hôtesse*, *Roland Varlet* l'occupèrent tour à tour ; puis il passa à Gœthe et nous donna le *Pêcheur*, l'*Esprit des Eaux*, *Eckart*, l'*Apprenti Sorcier*, *Mignon*, le *Roi de Thulé*, d'autres encore. Schiller, Lessing, Heine, Lingg, Platen, Rückert, Scheffel, Mœrike, Hœlderlin, presque tous les allemands eurent leur part. Vinrent ensuite les hongrois : Arany, Pétoefi ; les anglais : Byron, Cowper ; le portugais Camoëns, l'espagnol Esquilache, l'italien Léopardi ; puis des chants populaires grecs et serbes, et même un fragment du *Maha-Bharata* (le bel épisode de Damayanti). Notre poète prenait toute chose avec l'ardeur et la vivacité d'un enfant : septembre et octobre se passèrent d'une manière charmante à traduire ainsi chaque jour une ou deux pièces, suivant leur longueur. Au commencement de novembre il en avait de quoi faire un volume.

Ce qui l'avait intéressé surtout, c'étaient les innovations rythmiques qu'il avait tentées. Trouvant l'alexandrin impuissant à rendre dans leur ampleur l'hexamètre antique, le vers héroïque des anciens poèmes allemands et le sloka hindou, il essaya une mesure de quatorze syllabes et une de seize dont il obtint véritablement de très beaux effets. Par exemple dans la belle pièce de Freiligrath, *la Chevauchée du Lion,* qui commence ainsi :

Quand le lion, roi des déserts, pense à revoir son vaste empire,
Vers la lagune, allant tout droit, dans les roseaux il se retire.

Et surtout dans cette symphonie sylvestre d'Hœlderlin :

Les chênes de la forêt à l'ombre épaisse et tranquille
Aujourd'hui comme autrefois m'ont chanté leur grave idylle.

Le plus jeune vers l'orée essaie et gazouille un son ;
Et le son devient murmure et le murmure chanson.

Et la chanson devient chœur; les rameaux de proche en proche
S'ébranlent et leur rumeur a les ondes de la cloche.

Et, de la racine au faîte, on entend dans le grand bois
S'entre-croiser cet orage et se chercher mille voix.

Si quelque chêne orgueilleux isole sa cantilène,
La forêt haussant la voix, ou le couvre ou le ramène.

Cet orchestre de feuillage a la grandeur de la mer ;
Il pleure et gronde en cadence à chaque frisson de l'air.

C'est du plus ancien des dieux la musique aérienne,
Pan tire ainsi des accords de la flûte éolienne.

La flûte aux sept trous se cache au profond des taillis verts,
La syrinx magique enferme en sept modes l'univers.

Et poètes et pinsons, vives âmes dégourdies,
Dans l'ombre sont à l'affût et boivent ces mélodies.

M. Ed. Scherer avait dit récemment dans un article fort remarquable, que la traduction en vers était forcement condamnée à l'infidélité, et que la prose lui était préférable de beaucoup. Notre traducteur eut l'idée de lui dédier ses *Étrangères*, tel était le titre qu'il avait choisi pour son bouquet de traductions poétiques : « Ce recueil, lui écrivait-il le 15 no-
« vembre 1875, a, je le crains, deux chances de dé-
« plaire à votre goût si exigeant et si pur: d'abord
« les pièces qu'il renferme sont des traductions en

« vers ; en outre, plusieurs d'entre elles présentent
« des rythmes inusités dans notre versification.
« Mais voici mon excuse. Il m'a semblé qu'en dé-
« pit de toutes les bonnes raisons que l'on peut
« donner, et que vous avez fait valoir contre les
« traductions en vers, le procès n'est pas encore
« jugé sans appel.....

« Nous sommes bien d'accord sur la traduction
« parfaite. Ce serait celle qui rendrait, non pas
« seulement les sons et les idées de l'original, mais
« sa couleur, son mouvement, son émotion, son
« style distinctif, et cela dans le même rythme,
« avec des vers de même forme et un même nom-
« bre de vers. Or il n'est pas douteux que cet idéal
« est inaccessible, au moins dans notre langue, car
« si notre littérature est hospitalière, elle sous-
« entend que ses hôtes prendront ses habitudes, son
« costume, ses façons, et non pas qu'elle fera la
« moitié des avances et du chemin. Mais en thèse
« générale quel autre idéal est donc plus accessible ?
« Ne suffit-il pas, ici comme ailleurs, qu'on se rap-
« proche quelque peu du type irréalisable pour
« avoir droit à l'existence et même à l'encourage-
« ment ? »

Le volume avec sa dédicace et ses notes était
prêt vers le milieu de novembre. Il n'était guère
possible cependant de le publier pour les étren-

nes; les éditeurs le remirent à l'année suivante, et l'auteur se hâta de s'occuper d'autre chose. Sa santé était meilleure qu'elle ne l'avait été depuis bien des années, l'automne s'était passé sans qu'il toussât; l'hiver avait beau s'annoncer rigoureux, le bien-être continuait pour le poète, et sa gaîté, son ardeur au travail ne l'abandonnait pas non plus. Le 11 décembre il offrait à ses amis, élégamment vêtue des couleurs de Genève, une ballade historique sur l'*Escalade de 1602*[1].

Elle commence par ces deux vers :

Du chevalier félon le blason se ternit;
Son crime cherche l'ombre et le jour le honnit.

Puis vient cet effet de nuit :

Muet est le brouillard, profondes les ténèbres;
De l'hiver aux longs mois, c'est la plus longue nuit.
Du Salève aux Voirons, tout est mort, rien ne luit;
Un torrent sous un pont roule ses eaux funèbres.
La solitude est vaste et triste, l'air glacé.
C'est l'heure des brigands et des spectres.....
                                    Silence !
Loin, dans les profondeurs nocturnes, a passé
Comme un bruit sourd, réglé, grossissant, qui s'avance.

[1] On appelle ainsi le coup de main tenté contre Genève par le duc de Savoie, Charles-Emmanuel.

Est-ce au vent de la nuit le branchage froissé
Des grands bois de Monthoux? Non, dans la plaine émue,
Sur la droite du fleuve au rivage encaissé,
Quelque chose d'immense et d'informe remue;
D'hommes et de chevaux, c'est le souffle et le pas.
On dirait une armée en marche. Et n'est-ce pas
Un groupe d'éclaireurs qui du pont, arche sombre,
S'approche, et tient conseil à voix basse dans l'ombre?
Une torche s'allume, et, comme d'un caveau
Surgirait un fantôme, on voit, sur l'autre rive,
Paraître un cavalier. Aux lueurs du flambeau,
Le chevaucheur hautain franchit le pont. Qui vive?
Crie à cet inconnu celui qui semble un chef;
Marcheur de nuit, ton nom? Ami! dit d'un ton bref
Le cavalier, qui semble évoqué de la tombe.
— Quel est le mot de passe, étranger? — *Haute-Combe,*
Répond l'homme, écartant d'un geste son manteau,
Et de sa longue épée il fait briller la garde,
Croix d'or, dont un saphir couronne le pommeau.
— Monseigneur, approchez, votre camp vous regarde.

C'est le duc de Savoie en effet qui, dans son impatience des nouvelles, s'est rapproché des bords de l'Arve. Nous ne le quittons plus; nous sommes témoins de ses inquiétudes, de ses espérances, et nous écoutons avec lui les récits de l'entreprise que lui font trois émissaires: un enseigne, un capitaine, un moine, envoyés à trois reprises par son général d'Albigny, et qui présentent les différentes phases de l'action. Le premier dit: « Ville gagnée, » le second : « Ville défendue, » le troisième : « Ville « perdue. »

Le duc fuit alors, désespéré de son échec.

. . . . Il passe et longe le Salève.
Il regagne au galop, sinistre pèlerin,
Annecy, Chambéry, les Alpes et Turin.
Du roi Philippe Deux d'Espagne, c'est le gendre,
L'espoir du Vatican et de l'Escurial,
C'est le fier candidat au trône impérial,
Envieux d'Henri Quatre et jaloux d'Alexandre;
C'est Charles-Emmanuel, c'est le bon duc. Il fuit.
Pour cacher sa rougeur son front cherche la nuit...

. . . .

Le sombre cavalier n'entend que ses pensées :
Une pourpre en lambeaux, ses chances renversées.

. . . .

Et tout au fond de sa douleur,
Douleur dernière et sans mesure,
Le remords d'avoir pu, lui prince, en faux joueur,
Violer sa parole et forfaire à l'honneur,
Irréparable flétrissure !

Cette composition très originale qui prouvait une fois de plus que, pour ne pas se mêler aux luttes de parti, le professeur Amiel n'en avait pas moins le cœur patriote, eut un très vif succès. L'auteur, par une de ces attentions aimables qui n'étaient qu'à lui, l'avait dédiée « à Louis Vulliemin, Pictet de Sergy, Albert Richard, Juste Olivier, les bardes et les historiens de la patrie. » La presse suisse fut unanime à reconnaître le mérite de ce petit poème, et l'auteur reçut pour cette ballade composée en deux ou trois jours, plus de félicitations et de louanges que tous ses précédents ouvrages réunis ne lui en avaient valu; il semblait que l'espèce de guignon qui jusqu'ici l'avait accompagné s'était lassé, ou était vaincu enfin par quelque puissance bienfaisante. L'indifférence qu'on avait témoignée jusqu'alors pour ses publications lui avait fait douter de son talent; le succès de l'*Escalade* lui rendit un peu de foi en lui. Il avait dit dans le *Penseroso* :

Le succès est utile et parfois nécessaire :
On ne tient guère à soi quand nul autre n'y tient;
C'est par les yeux d'autrui qu'une âme humble et sincère,
Retrouvant sa valeur, à soi-même revient.

La Suisse se préparait à célébrer le quatrième anniversaire de la bataille de Morat, on pressa le poète de faire pour les guerres de Bourgogne ce qu'il avait fait pour l'Escalade. Il promit d'y penser.

Comme il ne s'était jamais arrêté qu'aux grandes lignes de l'histoire, il connaissait assez peu cette période compliquée de la fin du XVme siècle; quelqu'un lui ayant parlé avec sympathie de Charles le Téméraire, il s'en étonna, et, avec son amour de la vérité, il se hâta d'étudier ce qu'il ignorait. Jean de Müller lui fit voir la Suisse à cette époque; Barante, Comines, Olivier de la Marche lui peignirent cette brillante cour de Bourgogne, et ce prince étrange qui aurait pu être un grand souverain et édifier un empire, sans l'obstination et la violence qui rendaient inutiles tant de nobles qualités. Il se prit de sympathie véritable pour ce guerrier malheureux, et songea à faire le *Romancero* des guerres de Bourgogne et à suivre Charles jusqu'à ses funérailles. Il traça tout le plan de ce poème chevaleresque qui devait avoir des actes nombreux; mais comme il était bien impossible d'achever un si long ouvrage avant le 22 juin, il se contenta d'en écrire quelques morceaux, ceux qui intéressaient directement la Suisse. Le premier, la déclaration de guerre, traduction littérale de la pièce officielle du 25 octobre 1474, a une bien fière allure :

A très noble et très haut Prince et Seigneur, à toi,
Charles, duc de Bourgogne, à tes hommes de loi,
Lieutenants, gouverneurs, représentants équestres
Et quels que soient leurs noms, leurs titres, leur séjour,
Cette lettre de guerre et de défi. — Ce jour
Nous Ammans, Avoyers, Conseillers et Bourgmestres,
Membres du Saint-Empire, et libres Communiers
Des Ligues de la Haute Allemagne, nous Berne,

Et nous Zurich, Uri, Schwitz, Unterwald, Lucerne,
Zug et Glaris, plus nous, féaux associés,
Fribourg, Soleure, à toi comme à tes officiers,
— Sur l'invitation gracieuse et formelle
En nos monts parvenue et remise en nos mains
Du Roi sérénissime Empereur des Romains,
Frédéric, notre sire ; et requis par fidèle
Et haut duc Sigismond, notre allié, — disons
Et déclarons rupture ouverte.....

. . . .

A partir de ce jour et cette heure, emploierons
Contre toi, tes parents et tes vassaux, toute arme
Sans nulle exception, tout ce qui navre ou nuit :
L'incendie et le gast, les surprises, l'alarme,
Et l'attaque et l'assaut, de jour comme de nuit,
Rapt, bataille ou rançon, sac, ruine ou carnage ;
Le tout loyalement pour te faire dommage
A mort.
   Et cela dit, très haut Prince et Seigneur
Pour couvrir notre épée ainsi que notre honneur,
Nous te donnons de garde.
      En diète à Lucerne,
Délivré ce cartel sous le grand sceau de Berne
Qui nous engage tous également. Écrit
L'avant-veille de Jude et Simon, l'an du Christ
Quatorze cent septante et quatre. Ainsi soit-il.

La bataille de Grandson est très pittoresquement racontée, ou plutôt chantée par un soldat des Ligues Suisses; il y a de beaux vers dans cette ballade divisée en quatre parties, chacune d'un rythme différent. La pièce intitulée les *Agapes de Berne* nous transporte dans la vieille ville impériale au moment où Morat assiégé par Charles le Téméraire est en danger de succomber, et où l'on se demande avec angoisse si les Confédérés arriveront encore à temps.

. . . . Au crépuscule
Berne en deuil, d'un seul flot au pied des saints autels
S'est répandue. On touche aux instants solennels.
Un sourd frémissement dans la foule circule ;
Dans les cœurs inquiets la crainte s'accumule;
On attend. Un péril de mort pèse sur tous.
. . . .

Sur la massive Tour Saint-Christophe s'allument
Dans la nuit qui déjà monte, les trois fanaux
Aux campagnes jetant l'éclair de leurs signaux;
Et du beffroi, parmi les résines qui fument,
Sur les places, les cours, les toits de la cité,
Lugubre, le tocsin fait tomber de son crible
De minute en minute un glas lent et terrible.
Dans le danger public sonne l'éternité.
. . . .

Mais que se passe-t-il ? et quel soudain silence
Interrompt brusquement la cloche du beffroi ?
La vie est suspendue en tous : est-ce l'effroi
Qui va grandir ? ou bien serait-ce l'espérance ?
Au sommet de la tour qui veille dans la nuit
Tout à coup de clairons éclate une fanfare
Secouant dans les airs l'allégresse. . . . .
. . . .

>   Ce sont eux
> Les bons Confédérés, les braves camarades,
> Les amis de là-bas, les sauveurs!.....
> . . . .

A peine ils ont pris quelque nourriture qu'ils volent au secours de la ville assiégée :

> « Formez les rangs ! partons! à Morat! à Morat!»
> En vain le ciel est noir, en vain la pluie inonde,
> La phalange est en route : elle chante en partant.
> Sous les torrents du ciel et dans la nuit profonde,
> Pour la rude bataille elle part en chantant.

Le morceau suivant est le récit du désastre de Morat, fait aux moines de l'abbaye de Saint-Maurice par un des Anglais de Charles de Bourgogne. L'hymne de victoire des Suisses, calqué aussi sur un chant de l'époque, termine le volume :

> Au Maître tout-puissant du ciel
> Qui dans son décret éternel
>   Nous gardait la victoire,
> A Celui qui nous fit vainqueurs
> En soufflant la force à nos cœurs,
>   Rendons hommage et gloire !

Le grand nombre de publications qui furent faites, tant en allemand qu'en français à l'occasion du centenaire, nuisit un peu au succès du *Romancero*; il ne fut pas populaire comme l'*Escalade*, mais il plut aux historiens, aux antiquaires, aux artistes, à tous les esprits capables d'apprécier tout ce qu'il y avait de minutieuses recherches archéologiques et de véritable couleur locale dans ces peintures finement travaillées, et brillantes comme les tapisseries tissées d'or et de soie, qui drapaient la tente de Charles.

En octobre de cette même année 1876 parurent *les Étrangères*. L'auteur était dans une impatience bien naturelle de connaître l'appréciation de M. Ed. Scherer. Elle se fit attendre; ce fut en janvier 1877 que le célèbre critique fit paraître dans le *Temps* son article « de la traduction en vers » où il parlait à la fois des *Étrangères* de Frédéric Amiel et du *Faust* de Marc-Monnier. Tout en rendant justice à l'habileté extrême des deux poètes, il reprenait sa thèse de l'inutilité de la traduction en vers, et après avoir cité l'*Esprit des Eaux,* la *Fille de l'Hôtesse,* où le poète n'avait pas été victorieux des difficultés de son entreprise, il terminait en disant: « Vos vers « sont drus comme des épis et travaillés comme « des bijoux: ils résonnent comme le métal, ils « étincellent comme des pierreries, mais ils ne sont « pas délicieux. Or, la poésie veut être délicieuse. »

Le poète des *Étrangères* était trop sensitif pour

ne pas être vivement peiné. Non qu'il ne pût supporter la critique, il l'accueillait au contraire avec une grande modestie et une grâce parfaite. Feu Mme la comtesse de Fontanes nous disait que Châteaubriand cédait volontiers et même trop à ses amis, et biffait des pages entières de ses ouvrages quand elles ne satisfaisaient pas leur goût; le professeur Amiel était de même : lui signalait-on quelque passage défectueux dans telle ou telle de ses compositions, sur-le-champ il la remettait sur le métier et la retravaillait avec une patience, une bonne volonté vraiment touchantes. Mais il aurait voulu que la critique entretînt le public des qualités seules de l'œuvre et ne parlât des défauts qu'à l'auteur. Il ne contestait pas la justesse des remarques de M. Scherer, il ne défendait point les passages censurés par son illustre ami, mais il trouvait que celui-ci aurait peut-être pu ne pas s'arrêter uniquement à ce qui était mal réussi, et faire quelques autres citations un peu plus à l'avantage du traducteur. Cependant il se consola en voyant que ses *Étrangères,* malgré, ou plutôt à cause de l'article de M. Scherer, faisaient tout doucement leur petit chemin. Bien accueillies en Suisse, elles gagnèrent l'Allemagne où elles obtinrent de nombreux suffrages.

Charles Fournel, ce poète français que notre

professeur avait connu à Berlin, était rentré dans sa patrie en 1854 après une absence de dix-sept ans. Il était mort en 1869, simple professeur dans un collège de province (à Tournon). Une des erreurs de ce lyrique, — qui avait rendu la *Chanson de Roland* avec un mouvement, un éclat incomparable, de ce poète gracieux qui avait retracé la *Légende dorée* d'un pinceau si fin, si pur, si délicat, — avait été de se croire auteur dramatique. Il avait laissé de nombreuses pièces de théâtre manuscrites, de tous genres, depuis la comédie de marionnettes où il avait été en quelque sorte l'initiateur de Marc-Monnier[1], jusqu'au drame romantique. Sans se faire illusion sur le mérite de ces œuvres, Frédéric Amiel voulut accomplir le dernier vœu du défunt en publiant de lui un volume dramatique.

---

[1] « Il vous souvient, mon cher maître, lui écrivait celui-ci en lui dédiant sa comédie intitulée *Sic vos non vobis*, de ces longues soirées que nous passions ensemble, il y a six mois à peine. Suivez-moi, me disiez-vous. Les chemins sont ouverts. En travaillant pour les marionnettes, vous pouvez être sérieux et non pédant absurde et point frivole... Cela dit, je rends à César ce qui est à César, cette œuvre est à vous ; recevez-la comme un témoignage d'amitié et de gratitude..... Je regarde comme un devoir de vous remercier devant mes amis et de leur nommer mon maître. »

Août 1852.

La famille Fournel n'était pas dans une bonne position de fortune. L'Institut fit les frais, et l'auteur des *Étrangères* consacra bien des semaines, soit à la revision de ces manuscrits, où rien n'était achevé, où il fallait abréger, élaguer, arranger, soit à la notice charmante qu'il a mise en tête du volume, et où il a retracé avec une grâce mélancolique la carrière, d'abord brillante, puis bien humble et bien attristée de ce poète, qui, pour être resté presque inconnu, n'en est pas moins un vrai poète.

Le volume préparé, l'éditeur partit en août pour les bains d'Ems. Nous eûmes bientôt de ses nouvelles.

Bains d'Ems, pension Schloss Langenau,
6 août 1877.

« Arrivé il y a vingt-quatre heures. Employé
« la journée à m'installer. Vu le docteur et com-
« mencé la cure avec la source dite le Kessel-
« brunnen. L'endroit est charmant, le temps ma-
« gnifique, l'eau chaude et d'un goût agréable. Je
« suis content de ma chambre et de ma pension. Le
« voyage m'a fatigué par deux mauvaises nuits à
« Bâle et à Mayence, beaucoup plus que par la
« route elle-même. Dans la vaste cohue d'Ems
« pas encore entrevu un compatriote. Le désert
« d'hommes est ennuyeux.... »

7 août.

« J'espère me refaire ici un peu. Il y a beau-
« coup d'ombrages. J'ai une chambre qui regarde
« les champs et les bois, dans une pension aussi
« éloignée que possible du tapage de la gare et de
« la foule. J'ai acheté deux rideaux bleus pour me
« faire de la nuit…. Table médiocre, société trop
« nombreuse (cent convives). Beau temps, jolie
« vallée, rivière jaune (la Lahn). Je tousse beau-
« coup…. Senti siffler dans mon voisinage l'aspic
« de l'ennui ; mais nous aviserons à chasser cette
« vilaine bête….. »

11 août.

« ….. J'en suis au sixième jour de traitement, et
« je ne puis supporter que deux demi-verres de
« cette eau par matinée, avec trois gargarismes de
« la dite eau. Jusqu'ici je n'éprouve qu'une acer-
« bation de ma bronchite et je commence à douter
« d'avoir rencontré ce qu'il me fallait :

La nymphe de l'endroit n'est pas l'enchanteresse
Qui retrempant la fibre éveille l'allégresse;
Elle rend morne et lourd, et triste et mécontent ;
On perd à l'encenser et sa verve et ses ailes;
C'est un long bâillement que donne à ses fidèles
Son breuvage vanté dont ils espéraient tant.

Ô fades hôteliers ! ô délabrante nymphe !
Laissez-nous notre sang et gardez votre lymphe.
Tomber entre vos mains, quel ennui ! quel guignon !
Par' vous l'homme gonflé, ramolli, flasque et vague,
Ne sent s'il veille ou dort, s'il pense ou s'il divague,
Mais il sait qu'il n'est plus bientôt qu'un champignon.

« Bah ! attendons ; mes voisins de table boivent
« leurs trois à quatre verres, et ne se sentent ni
« gonflés, ni débilités, ni appesantis. Je les envie
« et me trouve bien femmelette à côté d'eux.....

« Le médecin à qui j'ai été recommandé m'a
« l'air d'un praticien assez indifférent. La bouti-
« que ! on la retrouve partout...

« Une description d'Ems vous amuserait. Mais
« le temps me manque. Le Curhaus et le Cur-
« saal, les concerts sur la terrasse, la procession
« des buveurs, baigneurs, des élégants, des bos-
« sus, la rivière jaune et les taillis verts, les mar-
« chandes de fleurs et de fruits, les cent soixante-
« dix maisons garnies et hôtels, les cafés, restau-
« rants, guinguettes à tous les coins des environs,
« à tous les replis du terrain, à toutes les hauteurs
« de deux montagnettes qui longent la Lahn, les
« bancs paternellement prodigués dans toute la
« contrée, tout cela est réservé à la narration
« orale du retour.....

« Quant aux étrangers, il n'y a cette année

« presque pas de Russes, d'Anglais ni de Français ;
« dans les sept mille présents je ne découvre pas
« un Suisse, aussi je ne converse guère et je ne
« m'amuse pas fort..... Vous ne sauriez croire le
« nombre de bossus qui affligent ici les regards.
« Cela donne beaucoup de prix aux épaules cor-
« rectes. On voit aussi bien des femmes poussées
« dans des fauteuils à roulettes. Et que de mous-
« taches grises ! et que de barbes blanches ! La
« santé est le trésor que chacun poursuit..... Et
« nos efforts n'y peuvent guère. Nous sommes tous
« esclaves de l'inconnu, tous dépendants d'une
« infinité de circonstances. Je m'en aperçois tou-
« jours davantage et dans ce sens l'Apôtre a rai-
« son qui dit : « Nous ne marchons que par la foi, »
« c'est-à-dire à l'aveuglette et de confiance. De là,
« la moralité de la prière qui donne le beau nom
« de Dieu à l'ensemble de cet inconnu qui nous
« enlace et nous domine, et lui dit chaque jour :
« Tu es le maître, je me soumets, qu'il soit fait
« selon l'ordre inviolable, selon ta volonté. » Nous
« ne pouvons mieux faire que d'accepter noble-
« ment et pieusement ce que nous ne pouvons
« empêcher..... »

30 août.

« ..... J'ai l'intention de quitter Ems le 2 sep-

« tembre. Des lettres que j'attends de Francfort
« et de Wurzbourg décideront de mon itinéraire.
« Je ne tarderai pas à repasser la frontière suisse.
« Profiterai-je de l'occasion pour revoir quelques
« amis à Heidelberg, Zurich ou Neuchâtel? la
« question est encore ouverte. La santé et le temps
« en décideront.

« ..... Ici la saison est agréable ; un peu chan-
« geante, orageuse ou voilée, mais pas lourde. Les
« baigneurs se ressemblent, mais la diminution
« numérique est déjà fort marquée. Les représen-
« tations théâtrales au Casino ont pris fin hier.
« Chaque jour ce sont de nouveaux départs du
« Schloss Langenau, bouquets d'adieu, salutations
« et cartes échangées, etc.

On s'observe, on se goûte, on se quitte.
C'est ainsi dans la vie ; aux Bains trois fois plus vite.

« A propos de rimes, les Naïades germaniques
« ont cousu la bouche aux Muses françaises.

Pas le plus petit morceau
De mouche ou de vermisseau,

« Que voulez-vous ? les *mots carrés* en allemand
« et les calembours teutons ont expulsé les drôle-
« ries de la gaie science. A chaque mois sa florai-

« son ; il fallait ici se laisser aller à un autre cou-
« rant philologique. On feuillette des types variés
« et l'on façonne son oreille à tous les accents. On
« vit par d'autres modes de son individu..... »

5 septembre.

« J'ai quitté Ems[1] lundi matin selon mon pro-
« gramme et je suis arrivé à Francfort le soir en

---

[1] Ce départ lui a inspiré une très jolie pièce qui fait un peu songer à la *Bonne fortune* de Musset.

Blonde fille du Nord, au front plein de pensée,
Espiègle aux yeux d'azur, au musical accent,
Par hasard entrevue, avec regret laissée,
Pourrez-vous plus d'un jour, la vie est si pressée
Avoir le souvenir de moi, pauvre passant ?

Ainsi dans un album, sur une page rose,
J'avais écrit un soir ces vers pour de beaux yeux.
Les mots, vous le voyez, ne valaient pas grand'chose,
Mais la rime parfois sait donner à la prose
Un certain petit air coquet et gracieux.

Deux semaines après je quittais Ems. Finie
Était, comme l'on dit, ma cure. Et je partais,
Plus malade qu'avant, l'espérance punie,
Faible, triste, du sort méditant l'ironie,
Et, sans savoir bien quoi, pourtant je regrettais.

Tout départ dans le cœur rompt des fils invisibles ;
Au sol, aux gens, aux murs à son insu l'on tient.
Le sol, les gens, les murs sont pourtant peu sensibles.
Mais les affectueux sont les incorrigibles,
Et le passé défunt dans leur âme revient.

« suivant un itinéraire peu fréquenté mais qui m'a
« permis de visiter Limbourg, où un dôme du
« XIIIme siècle m'attirait, et Wetzlar où fut écrit
« *Werther* il y a cent cinq ans. Cette première
« journée a eu quelques males chances dont j'espé-

Accoudé sur ma malle, au roulis de mon fiacre,
Je regardais s'enfuir les maisons, les jardins
Que de Caligula le nom cruel consacre.
L'air était froid, le jour voilé, le ciel de nacre,
Et déjà vers les eaux couraient les citadins.
. . . .

Et j'avançais toujours en songeant : « Pas une âme
Parmi tous ces baigneurs, entre ces commençaux
A qui l'on dit : Bonjour Monsieur — Bonsoir Madame,
Qui, ma place étant vide, aujourd'hui me réclame!
Pour eux je suis la feuille au courant des ruisseaux.
. . . .

Comme le décorum rend froide l'existence!
L'isolement nous parque en son ennui doré.
Si la fraternité supprimait la distance,
Nous serions plus heureux, mais quelle inconvenance!...
Mon fiacre atteint la gare, et j'ai le cœur serré.

Et voici, devant moi, souriait attendrie
Une vierge aux yeux bleus qui me tendit la main.
Et pour le voyageur sa main s'était fleurie.
Le désert tout à coup devint une patrie,
Une fée en avait parfumé le chemin.
. . . .

Beppa, la douce main qui me cueillit ces roses,
Je la baise, et de vous j'emporte un souvenir,
Aussi pur que les fleurs de votre joue éclose.
— Il était donc écrit dans le livre des causes
Que, le cœur un peu gros, d'Ems je devais partir.
(*Jour à Jour*, page 201.)

« rais me refaire au presbytère[1] où j'ai été admi-
« rablement accueilli, et où l'on me dorlotte depuis
« trente heures..... Ma chambre domine la statue
« monumentale élevée à Gœthe par la ville où fut
« son berceau.....

« Plus de chant, il perdit la voix.....

« Mon enrouement n'a fait qu'augmenter ; j'ai
« toussé toute la nuit et je me sens la tête molle
« et faible... Au total, on dirait que je rapporte
« d'Ems une sensibilité accrue de l'organe malade.
« Mon intention est de faire une pointe sur Wurz-
« bourg où demeure un spécialiste de premier
« ordre pour les maux des bronches (professeur
« Rossbach), puis de venir me rabobiner à Clarens,
« avec du lait chaud et des raisins, si l'homme de
« l'art n'y voit pas d'inconvénient. La situation
« est bien peu agréable, mais foin de la mélan-
« colie !.....

« J'avais des visites projetées à Stuttgard, à
« Heidelberg, les voilà compromises, d'autant
« que le froid est venu (8° ce matin à 8 heures).
« Un endommagé n'est plus un homme libre. Il
« ne fait plus sa volonté ni ses volontés. Il a beau
« avoir la moustache grise, il est dépendant comme

[1] Chez M. le pasteur Girard.

« un bambin. Cela me surprend, m'indigne, m'af-
« flige, mais je dois m'habituer à ce nouvel aspect
« des choses. C'est la soumission du lion à qui on
« a coupé les quatre ressorts.

« A propos de lions, j'en ai vu un magnifique au
« Jardin zoologique de la ville ; il rugissait à faire
« tomber les parois de sa prison. J'ai assisté au
« repas des fauves. Cela fait rêver..... »

Quelques jours plus tard, après avoir vu le spécialiste qui lui donna de bonnes espérances, et serré la main à ses amis d'Heidelberg, il partit pour Clarens qu'à son arrivé il saluait par ces vers :

Rivages de Clarens, de Chillon, vous que j'aime,
Je vous revois, et l'heure a la beauté suprême
    D'un mystère entr'ouvrant ses plis.
L'étendue est sans tache et le flot est sans ride ;
Du lac profond s'exhale une vapeur fluide,
    Comme un parfum monte d'un lis.

La terre devient ciel, les azurs se confondent ;
Les deux sérénités se cherchent, se répondent,
    L'œil éprouve un ravissement ;
Une ineffable paix enveloppe les cimes,
Et l'âme, à ces aspects enchanteurs et sublimes,
    Répète : Divin et charmant !

Ici, la poésie est presque de l'histoire ;
Ici l'on peut créer, car ici l'on peut croire ;

Ici, dans l'esprit il fait jour ;
Le cœur, l'âme et les sens ne sont plus qu'harmonie ;
Sur ces bords fortunés, l'amour est du génie,
Et le génie est de l'amour.

XI

L'automne fut exceptionnellement beau cette année-là, et il en jouit de son mieux. Cependant il n'était pas sans inquiétude pour son hiver. La pension où il venait de passer deux ans, et où il s'était plu, venait de quitter la rue Verdaine pour les quais. Nous savons que l'humidité lui était nuisible ; le voisinage du lac pour la mauvaise saison lui faisait peur ; il ne savait trop où il transporterait ses pénates, quand tout à coup, providentiellement pourrait-on dire, une dame Ch***, qui venait de perdre son mari, ouvrit une pension rue Verdaine, à la maison n° 13 que depuis une douzaine d'années déjà habitait Marc-Monnier. Le professeur Amiel fut le premier pensionnaire de Mme Ch., il avait, au troisième étage de la maison, une bonne chambre à coucher, un très beau et très vaste cabinet de travail au soleil levant. Ses fenêtres donnaient sur un jardin plein de fleurs enclos de murs drapés de lierre et de vigne du Canada derrière lesquels s'élève le vieux collège de Calvin, et par une échappée oblique il pouvait voir les arbres de la promenade Saint-Antoine et la chapelle russe dessinant ses coupoles dorées sur les flancs violets du grand Salève. Il n'avait que deux étages à descendre pour trouver son ami Marc-Monnier, et qu'un seul pour rendre visite à la sœur de l'aimable écrivain, Mlle Eugénie Monnier devenue Mme Mey**, et établie depuis quelques années à Genève avec toute sa famille.

L'hiver de 1877 à 1878 se passa assez bien ; le professeur occupa ses loisirs à revoir ce manuscrit des *Méandres* que ses amis le pressaient toujours de publier. Après qu'il l'eut bien *ratissé,* c'était son expression, il se le fit relire dans son ensemble, fut étonné de le trouver si uniformément triste, et écrivit séance tenante :

> Je me crois les yeux mal ouverts
> Et la tête encore endormie,
> Quand je relis ces tristes vers
> Qui me peignent en Jérémie.
>
> Et cependant de ce portrait,
> Qui paraît si faux dans l'ensemble,
> Pas un détail et pas un trait
> Qui n'ait été juste, il me semble.
>
> C'est que, pareil au dieu Janus,
> Au lieu d'avoir un seul visage,
> L'homme en a deux, trois, même plus,
> Et cela qu'il soit fol ou sage.

On varie, et plus on est vrai
Moins dans un aspect on persiste;
Mais pourquoi, moi, si souvent gai,
Ai-je en mes vers toujours l'air triste?

J'ai des jours de sève et d'ardeur
Si j'ai des heures de détresse;
Pourquoi donc noter la douleur
Et toujours taire l'allégresse?

C'est que ma plume a le pouvoir
D'apaiser mon cœur s'il soupire;
Quand je la prends, c'est dans l'espoir
De reconquérir le sourire.

C'est mon remède souverain
Que de griffonner; je l'emploie;
Mais si je rime mon chagrin,
Discret je savoure ma joie [1].

Il eut d'abord l'intention d'insérer cette pièce dans le recueil, pour lui servir d'explication et d'excuse, puis il pensa qu'au lieu de faire l'apologie de toute cette tristesse, mieux valait la diminuer. Il travailla dans ce sens, retrancha les pièces par trop sombres ou celles qui faisaient double emploi, et par-ci par-là en glissa quelques-unes

[1] Il y a plusieurs variantes de cette pièce, l'auteur n'ayant pas arrêté la version définitive, nous avons choisi celle qui rend son idée avec le plus de simplicité.

d'un caractère moins mélancolique. Mais il lui fallut bientôt quitter ce travail qui l'intéressait. Le centenaire de Rousseau tombait en juillet 1878 ; un comité s'était formé qui entendait célébrer cette fête avec une grande solennité ; le professeur cédant aux instances de quelques amis enthousiastes de Jean-Jacques consentit à en faire partie ; et comme toujours, on lui donna toutes sortes de choses à faire, entre autres un chœur pour la jeunesse, qui ne fut point chanté, ce qui lui inspira ce quatrain :

> J'écrivis un chant autrefois.
> Et quelle fut ma récompense ?
> Dix mille chanteurs d'une voix
> L'exécutèrent en silence.

L'à-propos de cette fête de la jeunesse était fort contesté et fort contestable en effet ; ce qui ne l'était point, c'était la convenance d'une séance universitaire où il serait parlé de Rousseau.

Les professeurs se partagèrent la besogne : M. John Braillard [1] dut parler de Rousseau écrivain ; M. André Oltramare [2] de Rousseau pédagogue ; MM. Joseph Hornung [3] et Auguste Bouvier [4],

---

[1] Professeur de littérature, mort en 1883.
[2] Professeur de littérature ancienne.
[3] Professeur de droit, mort en 1884.
[4] Professeur de théologie.

des idées politiques et religieuses de Jean-Jacques; Marc-Monnier de l'influence de Rousseau sur les écrivains étrangers. La caractéristique générale du philosophe genevois fut confiée à Frédéric Amiel.

Nous avons vu à propos de Mme de Staël quelle était sa manière, et qu'il ne mettait la plume à la main que lorsqu'il avait étudié son sujet sous toutes ses faces et dans tous ses détails. Ici le champ était bien plus vaste, aussi employa-t-il bien près de six mois à le parcourir; la conférence, longuement préparée et pensée, fut rapidement écrite, ce qui ne lui nuisit pas, au contraire; l'auteur crut s'apercevoir que depuis la notice de Mme de Staël il avait gagné en facilité.

Ces quarante pages très riches d'aperçus ingénieux et d'idées profondes sont peut-être les plus remarquables qu'il ait écrites en dehors de son Journal. Il faudrait pouvoir faire beaucoup de citations; nous nous bornerons à une seule image qui nous semble particulièrement ingénieuse.

Une île pour berceau, pour asile et pour tombe,

avait dit un poète en parlant d'un conquérant moderne; notre auteur fait remarquer de même le rôle qu'ont joué les îles dans la vie de Jean-Jacques :

« L'isolement, et si l'on me permet ce néolo-

« gisme, l'insularité, fut sa meilleure protection.
« Rousseau qui mettait le *Robinson* au-dessus de
« tous les livres, s'est toujours senti attiré par les
« îles. Nul séjour ne l'a plus enchanté que l'île
« Saint-Pierre. Après l'avoir quittée, son refuge
« est la Grande-Bretagne... A plusieurs reprises il
« songe à émigrer en quelque île de la Méditer-
« ranée : Minorque, Chypre ou la Corse. C'est une
« harmonie secrète qui a fait déposer sa dépouille
« dans l'île des Peupliers, à Ermenonville, et plus
« tard, ériger, à Genève, sa statue dans l'îlot qui
« porte son nom. C'est qu'en effet le symbole le
« plus naturel du génie de Rousseau, c'est une île
« volcanique, émergeant de l'immensité bleue, avec
« son panache de fumée, une ceinture d'écume, un
« manteau de verdure et une couronne de fleurs. »

Si tous ces travaux académiques avaient dû être lus le même jour, la séance aurait été interminable, aussi MM. les professeurs Hornung, Oltramare et Bouvier prirent-ils chacun un jour particulier de la fin de juin pour lire leur ouvrage au public ; on ne garda pour la séance du 2 juillet que les conférences de MM. Braillard, Amiel et Monnier qui devaient suivre le discours d'ouverture du Recteur[1].

Très fatigué et très enrhumé, le professeur Amiel

---

[1] Alors M. Martin.

avait ce jour-là la voix faible et couverte ; l'attention d'ailleurs était déjà fatiguée. Il fut peu entendu [1]. Heureusement que bientôt après toutes les études furent réunies dans un même volume sous le titre de *J.-J. Rousseau jugé par les Genevois d'aujourd'hui*, et que le public put lire à tête reposée ces écrits tous intéressants à divers titres.

La maladie d'une parente retint Frédéric Amiel à Genève pendant presque toute la durée des vacances. Une main amie en profita pour faire son portrait. C'est un pastel grandeur nature [2] qui le représente dans sa pose habituelle assis dans un fauteuil, la tête appuyée sur sa main, le regard pensif. Il en fut content. « Je m'y retrouve, » disait-il.

---

[1] Marc-Monnier qui venait ensuite eut un de ces succès dont il avait le secret : « Mesdames et Messieurs, dit-il « en montrant son manuscrit, vous voyez ce cahier, il est « gros, mais rassurez-vous, je ne vous le lirai pas. » Il le remit dans sa poche, et résuma de mémoire très brièvement, avec sa verve accoutumée, et au milieu d'applaudissements incessants, l'influence de Rousseau à l'étranger. Le sans-façon et la bonne humeur réussissent toujours avec les Genevois.

[2] De ce portrait que nous destinons, après nous, à la Bibliothèque publique de Genève, nous avons fait une copie pour Madame Laure S***, une autre pour une dame anglaise, ancienne élève de M. Amiel, une troisième enfin que nous avons offerte à M. Gustave Révilliod pour la bibliothèque de l'Ariana.

La maladie de sa cousine [1] ayant eu une issue fatale, il alla, après lui avoir rendu les derniers devoirs, passer quelques jours à Clarens, et reprendre pour l'hiver un peu de cette force que lui donnait toujours le contact avec la nature, surtout en cette saison d'automne si belle dans nos contrées.

Le début de l'hiver fut pour lui plein d'anxiété; il semblait qu'il n'y aurait jamais rien de stable pour le pauvre professeur; qu'un malin génie s'amusait à le chasser de tous ses asiles aussitôt qu'il s'y était un peu habitué. Son hôtesse, Mme Ch***, brusquement se décida à quitter la ville pour aller tenir une pension au pied du Salève; son locataire se voyait obligé de changer de domicile au plus mauvais moment de l'année, à la fin de janvier. Il était désespéré, d'autant plus que sa bronchite recommençait à le tourmenter. Ce fut alors qu'un arrangement pris par des dames amies lui permit de rester dans son cher logement. Il n'y eut de changé que la maîtresse de la maison.

Tranquillisé sur son foyer, le poète reprit encore une fois son manuscrit des *Méandres*, et y fit plusieurs changements : suppressions et additions. Le titre même lui ayant paru un peu précieux, il se décida pour celui plus simple de *Jour à Jour*.

---

[1] Mlle Adrienne Custot.

En dépit d'un nouveau deuil de famille[1], l'année 1879 fut une de ses plus heureuses ; sa santé meilleure lui permit de faire quelques promenades, quelques excursions ; de revoir un peu le monde dont il se tenait à l'écart depuis longtemps. La Muse le visita plus que jamais. Un ver luisant qu'il vit briller dans l'herbe en revenant d'une visite à un collègue[2] qui habitait la campagne, lui fit écrire une des plus jolies pièces de *Jour à Jour*, et les bulles de savon qu'il s'amusait à faire à sa fenêtre dans les beaux jours d'été, à la grande joie des collégiens enchantés de voir un professeur de l'Université s'amuser comme l'un d'eux, lui en inspirèrent une des plus brillantes :

> Perle que traverse le jour,
> Qu'emplit l'orageuse espérance,
> Au chalumeau qui te balance
> S'enfle ton gracieux contour.
> Et tout un tourbillon de choses
> Roule en mon âme, et je revois
> Passer comme aux jours d'autrefois
> La ronde des métamorphoses.

[1] La mort subite d'une cousine, Mme Char*** fille de son oncle Frédéric.

[2] M. Dameth, professeur d'économie politique, mort en 1884.

Oiseau futur, pour voltiger,
D'air et d'eau tu files ton aile :
D'Arachné la toile est moins frêle,
Le papillon est moins léger.

. . . .

Et pour assurer ton essor.
Aérostat miniature,
Tu cherches pour ta contexture
L'orbe idéal, la courbe d'or.
Des péris, des sylphes l'émule,
Dans ton diaphane appareil,
Tu vas, comme un jeune soleil,
Bientôt voguer, libre cellule.

Ta conque aux fragiles parois
Dans son mouvant éclat reflète
Des couleurs toute la palette,
La terre et le ciel à la fois
L'écharpe d'Iris l'enveloppe,
Et les bazars de l'Orient
N'étalent rien d'aussi riant
Que ce frais kaléidoscope.

C'est un tissu de pierreries
Où l'émeraude et le rubis,
Et la topaze et l'hyacinthe,
Et l'améthyste et le saphir,
L'acier de Perse et l'or d'Ophir
S'entrelacent en labyrinthe.

. . . .

Déjà l'œuf de cristal est mûr,
La fleur ondule sur sa tige ;
Enfin l'aérien prestige
Nous quitte et s'en va vers l'azur.
Dans ces gondoles éphémères,
Œuvre de nos souffles pensifs,
Un essaim de baisers captifs
Prend le large avec nos chimères.

Et lutiné par le zéphyr,
Le ballon se berce avec grâce.
Diamant fluide, sa trace
Descend, remonte et semble fuir.
On voit briller dans l'étendue
Le météore palpitant,
Puis cette lueur d'un instant
Sous un rayon meurt éperdue.
. . . .

Bulles de savon, globes d'air,
Illusions d'or et de flamme,
Vous charmez l'œil, vous touchez l'âme,
Vous humiliez le cœur fier.
Que faibles sont nos différences,
D'avec vous, hochets gracieux !
Nous nous prenons au sérieux
Et nous sommes des apparences.
. . . .

Une véritable fête pour lui fut une journée passée à Cartigny, pittoresque village de la montagne où Mme Marc-Monnier a une petite propriété. Il avait emporté *Jour à Jour,* et, après le dîner, assis sur la terrasse, il en fit la lecture au traducteur de *Faust* et de *Roland.*

Marc-Monnier fut content de la plupart des pièces : il allait partir pour Paris et se chargea de présenter le manuscrit poétique à M. Fischbacher, que Frédéric Amiel désirait pour éditeur. La négociation réussit, et l'impression commença bientôt.

Tout en corrigeant ses épreuves, l'auteur écrivit sur le peintre Hornung, pour le troisième volume de la *Galerie suisse,* des pages ingénieuses et colorées qui eurent le très rare bonheur de contenter à la fois le public et la famille de l'artiste.

En dehors de ces travaux nous lisions, le matin quelques pages des Évangiles, plus tard des articles sérieux de la *Revue philosophique* et de la *Revue des Deux-Mondes ;* la soirée était réservée aux ouvrages d'imagination. Il goûtait le parfum léger des romans d'autrefois : *Calliste, Ernestine, Ourika, la Princesse de Clèves* avaient toujours le don de le charmer ; *Paul et Virginie,* qu'il aimait à se faire relire, lui arrachait toujours des larmes. Il en avait aussi pour l'histoire d'Abenhamet et de Blanca, cette charmante fleur cueillie en Espagne, et qu'il était tenté de préférer aux grandes œuvres de Chateaubriand. Il avait l'émotion facile, pleurait à tout ce qui était touchant et à tout ce qui était beau. Un jour qu'il nous lisait l'admirable pièce de Victor Hugo, *Mil huit cent onze,* arrivé à cette strophe :

. . . .
Ses deux bras jusqu'ici croisés sur sa poitrine
S'étaient enfui ouverts,
Et l'enfant soutenu par sa main paternelle,
Inondé des éclairs de sa fauve prunelle,
Rayonnait au travers,

il s'arrêta, les yeux brillants de larmes et la voix brisée par l'admiration.

Divin plaisir que d'admirer !

avait-il écrit ; il aimait à l'avoir, et c'est pourquoi il ne voulait rien lire que de beau et de bon. L'âge lui avait laissé toute l'exquise délicatesse de son adolescence ; dans sa bibliothèque de plus de deux mille volumes, il n'avait pas un seul livre léger ; il ne possédait pas Rabelais, qu'il n'avait jamais pu lire ; en 1879, il n'avait pas encore ouvert un seul roman naturaliste. Il voulut cependant se rendre compte de cette littérature. Un voisin lui prêta, nous ne savons plus quel volume de la nouvelle école. Il ne put l'achever et fut une semaine à se remettre du dégoût que lui avaient causé les quelques pages qu'il en avait lues. « C'est ennuyeux

« comme la pluie quand ce n'est pas ignoble, » disait-il. Il se guérit avec du Stahl et du Legouvé.

Quand il était en voix, il nous lisait les fables de celui qu'il appelait l'inimitable Lafontaine, et qu'il préférait à tous les poètes du grand siècle, y compris Molière. C'était alors une fête pour l'oreille. Il avait toujours conservé l'habitude d'exercer sa mémoire : « Apprenons quelque chose par cœur, nous disait-il souvent, et voyons qui saura le plus vite. » Nous apprîmes ainsi tout Lafontaine, et de nombreuses pièces de Lamartine et de Victor Hugo. Nous nous amusions à les réciter entre chien et loup. La mémoire, alors moins distraite par les yeux, est étonnamment fidèle, et nous étions surpris nous-mêmes de la richesse de notre répertoire.

Il avait pour principe qu'on peut tirer parti de tout, de la société et de la solitude, du bruit et du silence, du mouvement et du repos, des autres et de soi-même, et qu'on ne perd son temps que lorsque l'esprit demeure inactif ; or il ne voulait pas perdre une minute ; il fallait constamment qu'il s'occupât et qu'il fît les autres s'occuper : « Voyons, voyons, disait-il dans les intervalles des lectures, donnez-moi vite un sujet, que je fasse un impromptu. » Il en faisait un, puis deux, puis trois ; toute une série de distiques ou quatrains, que nous écrivions sous sa dictée, et que nous jetions pêle-mêle dans un petit coffre en cartonnage.

> Avenir, quelle découverte
> Tu feras dans la boîte verte !

s'écria-t-il un jour. Il y a en effet dans cette fameuse boîte des centaines de brimborions de toute sorte, y compris tout une série de couplets pour allonger la chanson de La Palice, et de jolies épigrammes fines, spirituelles, jamais méchantes, dont quelques-unes nous paraissent des chefs-d'œuvre du genre.

Il portait même à la promenade cette activité d'esprit. « Voyons, disait-il à qui l'accompagnait, faisons quelque chose : une série de rimes ! — une définition ! — une charade ! » Un jour, en passant par Montreux, il voit sur la porte d'une étude : Clerc, notaire. Ce Clerc notaire le met en joie ; tout en continuant de marcher, il fait des vers sur cette association de mots, et arrivé à la petite fontaine rustique ombragée de noyers qu'on appelle *la Fontaine d'amour,* il s'arrête un instant pour écrire ce badinage :

> Un *clerc* n'est pas encore *notaire,*
> Comme un *notaire* n'est plus *clerc* ;
> Ainsi Messieurs, il est bien clair
> Qu'être à la fois *notaire* et *clerc*

Est une difficile affaire.
Eh bien, moi je connais un *clerc*,
Qu'on a vu devenir *notaire*
Sans pourtant cesser d'être *clerc*.
Vous direz : « Ceci n'est pas clair
« Vite, débrouillez-nous l'affaire. »
Voici donc. Mon susdit *notaire*,
Fils de *Clerc*, petit-fils de *Clerc*,
A pu, sans faire un pas de *clerc*,
Même alors qu'il devint *notaire*,
A juste droit demeurer *clerc*,
Cette fois, Messieurs, suis-je clair ?
Ai-je assez débrouillé l'affaire,
Et comprenez-vous que mon *Clerc*
Est à la fois *Clerc* et *notaire* ?

On le voit, ce n'était pas un homme triste et désespéré que le professeur Amiel. Ses accès de spleen, qui tenaient en grande partie à sa santé, étaient violents, mais courts. C'est alors qu'il écrivait ces pages sombres dans lesquelles s'évaporait son chagrin ou son irritation ; c'était sa manière de se guérir ; il l'a dit à propos des *Méandres*, et si l'on voulait trop s'attacher à cette partie du *Journal*, on aurait de l'auteur l'idée la plus inexacte.

Il ne faudrait pas s'imaginer non plus que cette tristesse fût une pose ; personne n'était plus sincère que Frédéric Amiel, mais nous l'avons dit déjà, sa mobilité était grande, et le fond de sa nature, plutôt enjoué que mélancolique, finissait toujours par l'emporter. Le plaisir même qu'il trouvait à noter ses impressions douloureuses prouve sa gaîté native. Les tristes n'aiment pas la tristesse : Molière faisait des comédies.

Il avait conservé l'habitude des tours d'adresse. A table, il s'occupait toujours à quelques-uns de ces exercices qui lui étaient familiers : équilibre de cuillers et de fourchettes, couteaux sautant dans le col des carafes, assiettes retournées par la seule adhérence des doigts. C'était amusant à voir, mais nous préférions beaucoup qu'il fût en train de causer ; il était si intéressant à entendre sur les questions d'art, de littérature et de morale ! Moins volontiers il parlait de lui-même; il avait toujours été réservé, nous l'avons dit, même à l'âge de l'expansion ; cependant si on l'interrogeait, il répondait avec beaucoup de simplicité et de bonne grâce. En cette année 1879, nous le trouvâmes tout particulièrement ouvert ; nous n'avions pas besoin de provoquer ses confidences, il se plaisait à repasser avec nous ses souvenirs d'enfant, à nous raconter ses voyages; il entrait aussi volontiers dans le détail psychologique de sa nature.

Il reconnaissait « que la pensée en devenant trop « forte avait affaibli chez lui la faculté créatrice, » mais il savait « posséder la divination psychologi-

« que, et la justesse d'intuition pour les gens et les
« choses. » Il se définissait « un connaisseur d'es-
« prit, un essayeur d'âmes, » et cela était vrai ;
le nombre de gens à qui il a indiqué leur route est
considérable.

« Je suis, disait-il encore, genevois par le carac-
« tère et l'esprit, avec l'élasticité française sans
« son abandon, et le sérieux germanique sans sa
« lourdeur et sa brume. »

Il avouait ressembler au fond beaucoup à son père. Il avait dit :

Qu'on prodigue le temps, tout le possible arrive,

et s'il avait suivi l'impulsion de sa nature, il aurait voulu l'impossible, en supprimant le temps. Mais il avait appris la patience et il savait attendre. De même, en dépit d'une douceur habituelle, il aurait été facile à l'emportement. Une expérience d'enfant l'en avait préservé.

Dans sa première année de collège, il avait un gros et grand camarade extrêmement taquin. Un jour qu'il en avait été plus tourmenté qu'à l'ordinaire, la patience lui échappa: il se jeta sur l'agresseur, lui petit et frêle, et avec ses mains mignonnes terrassa le gros garçon en un clin d'œil; c'était une miniature du combat de David et de Goliath. Un autre aurait triomphé ; lui, s'arrêta étonné, presque effrayé de sa victoire ; tandis que son vaincu se relevait pesamment, il se retirait à l'écart, et avec son habitude de réflexion, il méditait sur ce phénomène de la colère, qui décuple les forces, qui change un agneau en lion, qui vous emporte hors de vous et vous fait agir si rapidement que la pensée n'a pas le temps d'intervenir. Bien vite il eut tiré toutes les conséquences possibles d'un accès de colère, et il se promit de n'y céder jamais. Il se tint parole.

« Maintenant, » nous dit-il un jour, après nous avoir donné des détails précis sur les événements les plus importants de sa vie, « vous me connaissez « mieux que personne ; après moi vous écrirez sur « moi. » Nous le promîmes ; mais nous ne pensions pas, hélas ! que cet *après lui* serait si tôt.

Il ne passa cette année-là qu'une semaine à Clarens ; au retour, il se remit aux traductions poétiques qu'il avait négligées depuis *les Étrangères*, il s'attacha en particulier à rendre Petœfi, dont le caractère héroïque et sensible l'intéressait vivement.

Il nous semble qu'il a rendu avec bien de la grâce cette pièce de *la Perle* :

> Qu'est-ce que la douleur ? un océan amer.
> Qu'est-ce que le bonheur ? une perle de l'onde.
> J'ai plongé, j'ai conquis le joyau de la mer,
> Mais il a de main glissé comme un éclair
> Pour retomber dans l'eau profonde.

Et celle-ci : *Étoiles et Fleurs :*

> Du ciel tombe l'étoile, et de mes yeux les pleurs.
> Pourquoi tombe l'étoile? aucun ne le peut dire.
> Pour une morte moi, je pleure et je soupire.
> Tombez larmes avec les étoiles vos sœurs !

Et encore cette joyeuse boutade :

> Que la campagne est verte et que le ciel est bleu !
> Sous le ciel, sur les prés, l'âme de l'air palpite.
> L'alouette là-haut jetant sa note invite
> Le soleil qui lui darde un long regard de feu.
>
> Rayonnant est l'azur, la campagne est en fête.
> Qui rend le ciel si bleu ? qui fait les prés si verts ?
> C'est le printemps. Et moi, Dieu, faut-il être bête !
> Moi, je demeure assis à griffonner des vers !

Mais la plus charmante de ces mélodies hongroises est bien celle de *Grillon de Mai :*

> Dans ce lieu fut mon berceau.
> Voilà bien la verte plaine,
> Où le regard se promène
> Sans heurter mont ni coteau ;
> Je reconnais la fontaine
> Témoin de mes premiers jeux.
> Nourrice, de bruits joyeux
> Ta maison lors était pleine.
> Il me semble entendre encor
> Résonner ta chansonnette :
> « Grillon de mai, grillon d'or,
>   Grillon dans l'herbette. »

Mais on m'ôta de tes bras
Encor en ma tendre enfance,
Et je ne reviens hélas !
Qu'à l'âge triste où l'on pense.
Oui, vingt ans, vingt ans ont fui...
Que de désirs ! d'espérances !
Que d'épreuves, de souffrances !
Que de regrets aujourd'hui !
O nourrice ! nourricette !
Le temps s'envole, il a tort :
« Grillon de mai, grillon d'or,
  Grillon dans l'herbette. »

Gais compagnons d'autrefois
Qui restâtes au village,
Étonnés à mon visage,
Reconnaîtrez-vous ma voix ?
Rien ne dure. Autres nous sommes...
Mon esprit comme un oiseau,
Sautant de branche en rameau,
Se souvient des lieux, des hommes,
De tout un passé qui dort
Au fond d'une ombre discrète :
« Grillon de mai, grillon d'or,
  Grillon dans l'herbette. »

Je me vois enfantelet,
Bondissant à droite à gauche.
Tout glorieux je chevauche
En jouant du flageolet.
Mon petit cheval de race,
Qui n'est rien qu'un gros bâton,

Aux accents du mirliton
Piaffe et ne tient plus en place:
C'est l'heure, allez boire ! Encor !
Retour ! la litière est prête :
« Grillon de mai, grillon d'or,
　Grillon dans l'herbette. »

Mais le jour s'est effacé,
Et du soir tinte la cloche :
De la maison se rapproche
Le cavalier fort lassé.
Sur ses genoux la nourrice
L'attire tout sommeillant,
Et d'un ton bien doux, bien lent,
Chante le refrain propice.
Dans ses bras l'enfant s'endort,
Et confusément répète :
« Grillon de mai, grillon d'or,
　Grillon dans l'herbette. »

Le traducteur aimait tout particulièrement cette pièce, et bien souvent le soir, au moment de se retirer, il fredonnait :

« Grillon de mai, grillon d'or,
　Grillon dans l'herbette. »

XII

Au 1ᵉʳ janvier de 1880, les parents et les amis de Frédéric Amiel reçurent pour leurs étrennes le joli volume de *Jour à Jour*, qu'ils attendaient impatiemment.

« Aujourd'hui, écrivait M. Charles Ritter dans
« la *Gazette de Lausanne*, après un silence que ses
« amis ont trouvé beaucoup trop long, M. Amiel
« revient au genre subjectif, à l'élégie personnelle,
« mais il y revient avec l'autorité de l'âge, avec la
« maturité de l'expérience. Son nouveau recueil,
« qui s'ouvre par une touchante dédicace *Aux*
« *amis inconnus*, est ingénieusement divisé en six
« parties selon les différentes époques de l'année
« et les différents séjours de l'auteur.....

« C'est donc une sorte de journal intime, « ra-
« mené aux proportions d'une seule année, mais
« d'une année symbolique et typique. » L'auteur a
« noté pour lui-même, jour à jour, ce qui l'a ému,
« attristé ou charmé; ces alternatives de tristesse
« ou de joie, de courage ou d'abattement par les-

« quelles passe toute âme humaine, mais surtout
« une âme de poète. Et comme l'épreuve de la vie
« est, dans ses conditions essentielles, la même
« pour tous, il se trouve qu'en nous racontant ainsi
« son année, en nous parlant si longuement de lui,
« le poète nous a surtout parlé de nous-mêmes. De
« là le grand intérêt de ce volume pour ceux qui
« pensent que la vie n'a de valeur que si elle est
« interprétée par l'esprit, transfigurée par la poé-
« sie, et qui saluent dans les élus de la Muse, les
« instruments nécessaires d'une œuvre si bienfai-
« sante. M. Amiel est mieux placé que personne
« pour y collaborer : à la fois philosophe et poète,
« il n'est étranger à aucun des grands courants de
« la pensée de notre siècle. On trouvera dans
« *Jour à Jour* des plaintes d'un accent aussi pro-
« fond que celles qui ont fait la réputation de
« Mme Ackermann, mais M. Amiel est un esprit
« trop juste et trop fin pour s'emprisonner dans
« une vue exclusive et incomplète des choses. A
« côté de pièces dont pourraient être jaloux les
« poètes les plus désespérés de notre âge, il y a
« dans ce volume bien des pages — et ce ne sont
« pas les moins belles — où domine la paix de
« l'acquiescement chrétien. « J'ai cru à toutes les
« révélations qui sont au cœur de l'homme, a dit
« un grand écrivain de nos jours, jamais l'une

« d'elles ne m'a empêché d'écouter l'autre. J'ai
« toujours pensé que leurs contradictions n'étaient
« qu'apparentes..... » Par la largeur et la sincérité
« de sa pensée, M. Amiel a le droit de s'approprier
« cette noble parole. Ce serait d'ailleurs se trom-
« per sur le caractère de ce recueil que de n'y
« chercher que les monologues d'une âme aux pri-
« ses avec le mystère de la destinée. Le penseur
« qui aura sondé le fond de la vie ne sera pas pour
« cela moins sensible aux accidents de joie et de
« lumière qui en égaient la surface. Les graves mé-
« ditations et les harmonieuses plaintes laissent
« donc place dans le livre de M. Amiel à mainte
« fantaisie étincelante, à de frais et délicieux pay-
« sages, à des souvenirs de voyage pleins de grâce
« et d'imprévu..... »

La presse suisse fut unanime à louer le charmant volume, et de tous côtés des lettres aimables arrivèrent au poète.

Lors de la publication des *Étrangères*, il les avait adressées à un certain nombre de littérateurs parisiens. A l'exception de M. Théodore de Banville, nul n'avait répondu ; bien qu'il en eût badiné dans un impromptu [1], ce silence lui avait fait de la

---

[1] L'air humble et la voix caressante,
Mes Étrangères ont en vain
Frappé chez plus d'un écrivain ;
Leur politesse était absente.

peine, et c'est pourquoi il renonça à offrir sa nouvelle œuvre aux écrivains qu'il avait d'abord inscrits sur sa liste. Il ne voulut pas davantage l'envoyer à M. Scherer. Il eut tort; après lui, nous avons présenté *Jour à Jour*, et nous avons reçu des témoignages qui l'auraient bien vivement réjoui.

« Il m'a suffi, nous écrivait le critique du *Temps*,
« d'entr'ouvrir le volume que vous avez bien voulu
« m'envoyer, pour reconnaître les modifications qui
« s'étaient faites dans le talent d'Amiel. Je ne puis
« vous dire quelle satisfaction cela a été pour moi
« de le voir en effet exprimer avec simplicité et
« charme des choses senties. »

Après M. Ernest Legouvé, qui avait trouvé dans *Jour à Jour* « des qualités charmantes de naturel et d'émotion vraie, » M. Sully Prud'homme nous disait :

« J'ai lu ce recueil avec la piété que m'inspire
« le souvenir d'un confrère dont la pensée avait de
« profondes affinités avec la mienne. Il était préoc-
« cupé de tous les problèmes qui m'obsèdent, il
« avait mes tristesses ; son livre est comme le mi-
« roir de mon propre cœur. J'y sens un bien noble
« amour de la poésie, car j'y sens dominer le con-
« tinuel souci de n'employer les vers qu'à l'expres-
« sion d'idées importantes et de sentiments vrais.
« Combien je vous remercie de m'avoir procuré

« l'émotion rare que fait naître un livre absolu-
« ment sincère, écrit avec le goût le plus délicat.
« Votre ami, dites-vous, remettait sans cesse ses
« vers sur le métier sans arriver à être satisfait.
« Cette recherche obstinée de la perfection est
« un gage de sa supériorité artistique; la médio-
« crité seule est aisément contente de soi, et tout
« devient facile à qui ne se propose aucun idéal.
« En s'attachant de préférence à décrire les états
« les plus intimes de l'âme, il a rencontré des dif-
« ficultés qui devaient être souvent invincibles.
« Ses fréquentes victoires n'en ont que plus de
« prix. »

« Le volume est exquis, écrivait à son tour
« M. Ernest Renan. Je savais déjà ce que valait
« M. Amiel, et plusieurs fois j'avais désiré faire sa
« connaissance. Personne n'a vu plus loin ni plus
« haut que lui, et quelques-unes de ses pièces sont
« des morceaux accomplis de style et de pensée. Il
« faut l'extrême injustice de notre temps envers
« la poésie élevée pour expliquer qu'un tel talent
« n'ait pas eu plus de renommée. Il avait du moins
« la haute estime des connaisseurs..... *Jour à*
« *Jour* restera comme une des meilleures expres-
« sions de ce qu'ont pensé et senti les plus hau-
« tes âmes de ce pauvre XIXme siècle, qui a vu,
« sinon réalisé, tant de choses. »

Bien d'autres lettres flatteuses nous sont arrivées, et nous nous disions en les lisant : « Hélas! pourquoi si tard! »

Quoique limité à peu près à la Suisse romande, le succès de *Jour à Jour* fit grand plaisir et grand bien au professeur Amiel, et lui valut un bon hiver.

L'été de 1880, comme celui de l'année précédente, fut agréable, et permit au professeur de faire de longues promenades dans le petit canton de Genève, de s'arrêter à bien des sites aimés, de passer en quelque sorte tous ses souvenirs en revue. Vers la fin d'août, un petit mouvement de fièvre lui fit garder la chambre quelques jours, et retarda son départ pour Clarens. Des messages amis ne cessaient de l'y appeler, mais se trouvant très faible, et craignant de tomber tout à fait malade à l'hôtel, il hésitait à se rendre à ces instances. Enfin se sentant mieux, il partit. L'automne était toujours sa meilleure saison ; il passa à Clarens quelques jours assez agréables ; au retour, à la fin d'octobre, il alla revoir les amis qu'il avait à Neuchâtel : MM. Félix Bovet, Fritz Berthoud, Jacottet, de Pury, d'autres encore. Malheureusement il prit froid dans ce voyage, et revint à Genève très souffrant. Il se remit pourtant assez bien, donna ses leçons comme à l'ordinaire, et assista même aux banquets d'Escalade de la Société de Zofingue et de celle de Belles-Lettres, ce qu'il n'avait pu faire depuis bien des années. Il y avait longtemps aussi qu'il avait renoncé au spectacle, il put y aller deux fois. Il revit les *Huguenots*, l'*Africaine*, et jouit infiniment de ces deux soirées.

Mais ce bien-être était le dernier; les nuits devinrent mauvaises, il avait de violents accès de toux, des étouffements; le 8 février il dut renoncer à ses cours.

Le docteur Binet, appelé alors, reconnut les symptômes d'une hypertrophie du cœur.

Le cher malade n'entrait plus dans son lit crainte des suffocations, il passait la nuit dans son fauteuil, au coin de sa cheminée où le feu était entretenu continuellement. Le jour, sa correspondance, son journal, la lecture qu'on lui faisait occupaient ses heures. Il s'amusait aussi à se regarder souffrir, à écouter ses sensations. En 1845, à son voyage en Suède, il avait été surpris par une averse en visitant nous ne savons plus quel château historique. Mouillé jusqu'aux os, il avait négligé de changer de linge en rentrant à son hôtel. Cette imprudence lui avait valu une très violente fièvre. Il avait eu le délire, mais tandis qu'une partie de lui-même souffrait et divaguait, il avait remarqué avec surprise et plaisir qu'il y en avait une autre, l'esprit, qui ne souffrait pas, qui regardait souffrir le corps et curieusement en notait les angoisses. Ce dédoublement avait lieu chaque fois qu'il était malade ; cette tête supérieurement organisée ne se lassa jamais d'observer ; elle le fit jusqu'à la dernière minute. Il eut un petit journal de santé où chaque jour il inscrivait avec la plus minutieuse exactitude tout ce qu'il éprouvait. Quand il était trop fatigué pour écrire, il dictait, puis se faisait relire ; il n'eût pas fallu changer un mot à ce qu'il avait dit.

Toutes les fois que le temps le permettait, il faisait une petite promenade, il tenait à marcher, à entretenir le jeu des muscles ; le docteur aurait préféré qu'il ne sortît pas à cause de la fatigue, de l'usure qui en résultait, mais comme on ne pouvait lui dire à quel point il était atteint, il fallait le laisser faire. Il se promena jusqu'au milieu d'avril.

Il a si souvent parlé de la mort qu'on eût dit qu'il y aspirait ; peut-être le croyait-il, mais il avait au contraire infiniment d'attache à la vie et, en dépit de sa faible santé, il ne croyait pas mourir jeune. Tout en faisant acheter une place pour sa tombe au cimetière de Clarens, il ne pensait point qu'il dût l'occuper de sitôt. Il ne comprit vraiment le danger que le 22 avril, après une crise affreuse où l'on avait craint de le voir succomber. Il fut alors étonné, mais nullement effrayé, se hâta de prendre quelques dispositions et écrivit dans son journal de santé :

« Nuit épouvantable. Je reconnais qu'il faut
« prendre congé de la vie, car je ne puis plus res-
« pirer, dormir, ni manger, ni marcher, et je ne
« puis passer la nuit ni au lit, ni debout, ni dans
« mon fauteuil. *Finis Poloniæ*, sans parler de suf-
« focations subsidiaires qui peuvent arrêter court
« le dénouement. Qui sait, dans vingt-quatre heu-
« res c'est une autre main qui marquera la croix. »

Un de ses amis a dit que la préoccupation de sa vie avait été d'avoir une tenue morale irréprochable. Cette préoccupation reparut dans un moment où il lui aurait été bien pardonnable de l'oublier : « Comment faire, disait-il à l'amie qui le veillait,
« comment faire pour bien mourir ? on n'a pas
« d'antécédent pour cela, pas d'expérience, il faut
« improviser : que c'est donc difficile ! » Il improvisa, et dans ces jours douloureux sa tenue morale fut irréprochable ; jamais peut-être on ne vit mieux ce qu'il y avait en lui de noble, de délicat. Il eut de la vraie grandeur et, ce qui est plus rare, de la grâce jusqu'à la fin.

Nulle faiblesse, nulle impatience ; un grand calme, une résignation douce, du stoïcisme sans dureté ; une tendre reconnaissance pour les soins qui lui étaient donnés, et dans ses souffrances, ses angoisses, toujours ce mot : « Dieu le veut, que sa volonté soit faite. »

L'accès passé, il le notait, puis il l'oubliait; sitôt qu'il se sentait soulagé il ne se souvenait plus d'avoir souffert. Un jour, bien peu de temps avant sa mort, il fit ce joli impromptu :

> J'ai beaucoup souffert, dites-vous,
> Et cette nuit me fut terrible ?
> L'oppression avec la toux
> Me tourmentèrent, c'est possible.
> Mais quittez ces airs désolés,
> Égayez cette mine sombre :
> Quand les corbeaux sont envolés,
> Faut-il s'occuper de leur ombre ?

Sa courtoisie ne l'abandonnait pas. Un jour qu'il se plaignait de voir tous les objets revêtus d'une affreuse couleur jaune : « Excepté vous, dit-il en souriant à la personne qui était auprès de lui, vous n'êtes pas jaune, vous êtes belle à voir, toujours. »

Sa sœur Laure [1], que nous appelions la *Fée aux fleurs*, à cause de son talent tout particulier pour

---

[1] Mme Laure S*** pour perpétuer la mémoire de son frère, vient d'instituer sous son nom (Prix Amiel) un prix de deux mille francs qui sera décerné tous les deux ans à l'auteur d'un ouvrage de philosophie ou de littérature.

en disposer les nuances et faire des bouquets d'une originalité de forme qui les rendait de véritables objets d'art, lui avait envoyé de sa terre d'Anières une de ces compositions fleuries. Il lui écrivit aussitôt :

> Asnière a ses trésors, Avril a ses trophées,
> J'admire ce bouquet aux splendeurs étoffées
> Feu d'artifice aux cent couleurs ;
> Mes yeux errent ravis sur toutes ces corolles
> Dont l'entrelacs charmant aux inflexions molles
> Édifie un château de fleurs.

Son dernier travail fut la traduction de l'*Hymne de Cléanthe*[1], qu'un journal religieux lui avait demandée. Il avait employé le mètre de seize syllabes :

> O toi qui reçus mille noms, Dieu tout-puissant, Maître du ciel,
> De la nature illimitée ordonnateur universel,
> Salut ! C'est à nous, les mortels à chanter ta bonté féconde,
> Car de tous les êtres vivants peuplant la terre, l'air et l'onde,
> L'homme, lui seul, est de ta race, et peut seul parler devant toi.
> J'exalterai ta force immense et veux magnifier ta loi.

[1] On sait que ce philosophe grec, disciple et successeur du stoïcien Zénon, mort l'an 225 avant Jésus-Christ, fut une des âmes les plus religieuses de l'antiquité, un de ces prophètes du monde païen qui préparaient l'avènement du spiritualisme proc'amé par l'Évangile.

Autour de nous, sous ton regard, le firmament et tous les mondes
Suivent d'un vol obéissant la ligne tracée à leurs rondes.
C'est dans ton invincible main que, prête à semer la terreur,
Dort comme un glaive étincelant, la foudre, elle dont la fureur
Fait jusque dans ses fondements tressaillir la terre ébranlée.
Sublime sagesse, c'est toi, c'est ton haleine, à tout mêlée,
Qui fait tout vivre, et tout anime, et tout gouverne, et soutient tout.
Ame du monde omniprésente, en qui tout germe et se résout,
Rien sur la terre ou dans les cieux, sans ton vouloir rien ne peut être,
Et rien n'arrive, hors le mal, le mal que l'insensé fait naître.
Mais encor là, ta main se montre, et tirant l'ordre du chaos,
Ramenant l'informe à la forme et dégageant les biens des maux,
Des haines tu fais de la paix, et des discords une harmonie,
En sorte que ta loi toujours régit la nature infinie.
Téméraire, pour son malheur, un être seul la méconnaît.
Aveugle il poursuit, il convoite un bonheur grand, profond, complet ;
Et l'incorruptible gardien qui veille en lui pour le défendre,
La loi divine au fond du cœur, il ne sait la voir ni l'entendre,
Mal inspiré par sa folie il a fait choix de l'imparfait...
Infortuné ! c'est vainement que tu veux donner à ta vie
Un but moins haut que la beauté : ton âme reste inassouvie.
Qu'on s'outre pour la renommée, ou qu'on s'use pour s'enrichir,
Qu'on se gorge de voluptés, le dégoût suivra le plaisir.
Dispensateur de tous les biens, Roi des éclairs et du tonnerre,
Sauve les hommes du péril et que ta bonté les éclaire,
Que le jour se fasse en leur âme, et que resplendisse à leurs yeux
Ta loi, cette immuable loi, raison des mortels et des dieux.
Père, alors réunis à toi, par le malheur rendus plus sages,
Nous pourrons, ainsi qu'il est bien, répandre à tes pieds nos hommages ;
Car la chaîne d'or qui relie ensemble la terre et le ciel,
Dieu souverain, c'est ta justice, — elle est pour tous l'ordre éternel.

Nous l'avons dit au commencement de notre

étude, Frédéric Amiel était un croyant, chaque page de son journal, presque chacune de ses poésies en font foi ; et s'il était besoin d'une nouvelle preuve, nous la trouverions dans ces vers de Cléanthe, qu'il transcrivait si peu de jours avant sa mort. Oui, il était croyant, celui qui se plaisait en ses dernières années à lire l'Évangile, celui qui priait sur son lit d'agonie, celui qui s'inquiétait de son Juge et disait : « Hélas ! j'ai voulu le bien, mais je ne l'ai pas toujours fait, serai-je pardonné ? » Les fluctuations de sa pensée ont pu faire prendre le change à certains esprits ; certes il comprenait tous les états d'âmes, il connaissait le doute, mais il ne le traversait que pour revenir à la foi ; comme le pendule, que ses oscillations ramènent toujours à son centre de gravité, les écarts même de sa pensée le ramenaient invariablement à la croyance en Dieu, à la soumission à l'Esprit éternel.

Il a dit : « On peut devenir dévot par mille rai-
« sons diverses, on n'est vraiment religieux que par
« religion [1]. » Il l'était, et c'est pourquoi il acceptait si doucement l'épreuve et la souffrance.

L'illusion, ce bienfait du ciel qui accompagne en général les maladies longues, le caressait aussi.

---

[1] *Journal intime*, t. I, page 185.

Plus il avançait vers le terme fatal, plus il se croyait au moment de reprendre des forces; il faisait mille projets; il avait presque cessé de sentir ses souffrances, et il jouissait de toutes choses : de la flamme gaie qui dansait dans sa cheminée, du soleil printanier qui inondait son appartement, des fleurs qu'on lui apportait, des vers qu'on lui lisait et dont la mélodie caressait encore son oreille, alors que le sens échappait à son esprit fatigué, d'un peu de musique qu'on lui faisait et qui le calmait, disait-il; il restait beau et souriait sans cesse d'un sourire ineffable et charmant, comme s'il eût habité déjà les régions où la souffrance n'existe plus.

Le 11 mai 1881, il s'éteignit sans angoisse, sans agonie, vers six heures du matin.

Le surlendemain, ses parents, ses amis, l'Université lui rendaient les honneurs funèbres, et son cercueil couvert de fleurs était transporté à Clarens.

Henri-Frédéric Amiel repose, non loin de Vinet, sous une simple tombe de marbre noir où l'on a gravé ces mots : « Aime et reste d'accord [1]. »

---

[1] Quelques jours après la mort du professeur Amiel, son testament qu'il n'avait pas eu le temps de refaire, quoiqu'il en eût le désir, instituait exécuteur testamentaire,

Et maintenant, la vie que nous avons essayé d'esquisser est-elle, comme l'ont dit quelques-uns, une vie manquée ? Nous ne le croyons pas. Frédéric Amiel a été un modèle de bon ton, de bon goût, de sagesse aimable ; dans un pays où chacun se rue à l'assaut des faveurs du gouvernement, il s'est tenu à l'écart, et a été un exemple de désintéressement absolu ; il a beaucoup aidé, conseillé, guidé ; il a montré une fois de plus qu'un philosophe peut être un chrétien et qu'il n'y a pas contradiction entre la philosophie et la religion. Enfin, sa vie a été ce qu'il voulait, et peut-être ce qu'il lui fallait. Qui sait si ses hésitations, sa peur de décider, d'agir, de choisir n'étaient pas une inspiration profonde, un voulu de la Providence ? « L'homme pro-

---

M. Charles Ritter et à son défaut M. Joseph Hornung. Son *Journal intime* (16,900 pages), ses notes de cours, et en général tous ses manuscrits étaient donnés à une très ancienne amie, Mlle Fanny M... ou plutôt confiés, car ils doivent revenir plus tard à Paul S..., fils cadet du docteur S***, le seul des neveux du professeur Amiel qui semble devoir suivre une carrière scientifique.

Diverses raisons firent refuser à M. Charles Ritter la mission que Frédéric Amiel avait voulu lui confier ; il la remit à M. le professeur Hornung, mais à la mort de celui-ci (arrivée en novembre 1884), il consentit à reprendre les fonctions qui lui avaient été primitivement destinées.

pose, Dieu dispose, » ce proverbe qu'il aimait à répéter nous revient à la pensée en ce moment, et nous nous disons que cette existence si différente de celle des autres hommes, un peu étrange à première vue, mais noble, pure et grande, quand on l'étudie, Dieu avait décidé qu'elle serait ainsi.

Depuis la mort de Frédéric Amiel, deux volumes tirés de son *Journal* ont été publiés, le premier en 1883, le second en 1884. Ces deux volumes ont fait du bruit; M. Ed. Scherer, qui dispose à son gré de la célébrité, la leur a donnée; après lui, les plumes les plus autorisées ont parlé du *Journal intime* et de son auteur avec sympathie ou admiration. Devant cette gloire posthume ses amis ont été à la fois fort heureux et tristes, et ont répété avec mélancolie ce vers qui peut s'appliquer bien plus à lui qu'au chantre de la Jérusalem :

> Et ce laurier tardif n'ombragea que sa tombe,

mais encore une fois, Dieu sans doute a voulu qu'il en fût ainsi.

Nous avons fini. Comme nous le disions en commençant, c'est pour obéir au désir de celui qui n'est plus que nous avons pris la plume. D'autres, avec plus de matériaux pourront faire toujours, ce que nous avons fait quelquefois — laisser parler le poète, l'homme, le philosophe. — Si M. Charles Ritter nous donne quelque jour une biographie de Frédéric Amiel, ce sera, nous l'espérons, une autobiographie découpée dans les richesses du *Journal,* et où l'on trouvera enfin sous tous ses aspects, cet esprit ingénieux, délicat, en même temps que grand et profond, et aussi ce cœur tendre, généreux, dépouillé d'égoïsme, qui ne voulait rien pour lui-même et savait mieux que personne :

S'oublier pour autrui, prendre part à sa joie
Et se faire un bonheur du bonheur des heureux.

TABLE

Pages

I. Origine de la famille Amiel. — Samuel et ses trois fils. — Mariage de Henri. — Naissance de Henri-Frédéric. — Ses premières années. — Mort de ses parents. — Son tuteur, sa tante et ses cousines. — Son caractère, ses goûts. — Au Collège. — *Grand Diose*. — Walter Scott. — Délicatesse et timidité de l'adolescent. — Son instruction religieuse. — *Esprit tortu*. — L'Académie. — M. Adolphe Pictet. — La Société de Zofingue. — *L'Orme de Plainpalais*. — Amour de la discussion et subtilité. — Les ricaneurs. — Rapport de Frédéric Amiel sur la marche de la Société Zofingienne pendant l'année 1841.................. 5

II. Cours d'esthétique de M. Adolphe Pictet. — Frédéric Amiel et les montagnes. — Il part pour l'Italie. — Gustave Planche. — Naples et la famille Monnier. — Rome et le catholicisme. — Périple de la Sicile. — Une prise de voile. — Florence. — *Le Penseur*. — Retour à Genève. — Succès de salons. — Encore Zofingue. — *La Chrysalide*. — *La Goutte de rosée*. — Articles sur la peinture chrétienne en Italie....................................... 40

III. Nouveau départ. — Paris. — Heidelberg. — Professeurs et étudiants. — Berlin. — L'Université. — MM. Charles Fournel, Emmanuel Frey, Édouard Humbert et Félix Bovet.

Pages

— Frédéric Amiel suit des cours dans les quatre facultés; il s'intéresse à tout. — *Le docteur Amiel.* — Berlin et les Berlinois. — Voyage de vacances. — Norderney. — *Une Nuit sur la plage.* — Heringsdorf. — *Printemps du Nord.* — Départ de Berlin. — Tubingue. — Rappel à Genève. — Que fera-t-il ? — Retour.................................... 58

IV. Joie de se retrouver en famille. — Candidat à la chaire d'esthétique. — Épreuves brillamment soutenues. — Thèse : *Du mouvement littéraire dans la Suisse romande et de son avenir.* — Il est nommé. — *La Conspiration du silence.* — Frédéric Amiel professeur de philosophie. — Défauts de son enseignement et de son style. — Voyage à Paris. — Son jugement sur les Français. — Les célébrités parisiennes : Lamennais, Victor Cousin, Émile de Girardin, Sainte-Beuve, Mignet et Thierry, M. de Pressensé. — Retour à Genève. — La famille G..... — Réunions philosophiques chez M. Ed. Scherer. — MM. Ernest Naville, Élie Lecoultre, André et Victor Cherbuliez. — Promenades du jeudi. — Petit-Senn, Blanvalet. — Le peintre Hornung. — Marc-Monnier. — Une lettre de celui-ci à propos de la *Revue des Deux Mondes.* — La *Bibliothèque universelle.* — *Tablettes d'un Pèlerin*........................ 81

V. Les *Grains de Mil.* — Faiblesse des vers de ce recueil. — Intérêt de la partie prose. — Pensées. — Paysage d'automne. — Paysage d'hiver. — Une amie d'enfance. — Montesquieu. — Gœthe et Schiller. — Horace. — Les talents de Satan. — Froideur du public pour les *Grains de Mil.* — Le *Puits au Désert.* — Encore M. Adolphe Pictet. — Léonard de Vinci. — Dangers de l'universalité. — Affaires de Neuchâtel. — *Roulez tambours !* — *Il Penseroso.* — *Pince-roseau.* — Tentation de quitter Genève...... 104

VI. Daniel Stern. — Le jubilé triséculaire de l'Académie de Genève. — Traduction rythmique de *La Cloche* de Schiller. — *La Part du Rêve.* — *Le Zénith de la vie.* — *Henri chéri.* — Les pensionnats de demoiselles. — Une cabale contre Frédéric Amiel. — *Le Radical.* — Ovation des étudiants

Pages

à leur professeur de philosophie. — Article du *Journal de Genève*. — Pourquoi le professeur ne se mariait pas. — Béatrix. — *Regret*. — Amitiés féminines. — *Reproche*, de Milnes. — Deux projets de mariage.................. 131

VII. Retraite de la rue Saint-Christophe. — Bronchite chronique. — Encore Marc-Monnier. — Relations de famille. — Le docteur S..... — *L'Institut genevois*. — Frédéric Amiel critique littéraire délicat. — Son activité. — Ses trois clés. — L'emploi de ses vacances. — Charnex. — Tristesses de l'hiver de 1869-1870. — Bellalp. — La déclaration de guerre. — Tournée en Allemagne — Ses appréhensions pour la France. — Il demande un congé. — M. Théophile D..... — L'*Aigle de Pathmos*. — *Justice*.. 148

VIII. Printemps de 1870. — Lettres de Charnex. — Les bains d'Heustrich. — La cinquantaine. — Le docteur Cossy. — *L'Oasis*. — Pension de la rue Beauregard — Hiver passable. — L'Académie occupe ses nouveaux locaux et a pris le nom d'Université. — Lettres de Mornex. — Bains d'Allevard. — La Hollande. — Lettres. — Scheveningen. — *Mer du Nord*. — Si le professeur Amiel était avare.... 162

IX. Année 1874. — Inquiétudes de santé. — MM. Charles et Eugène Ritter. — Projet d'un nouveau volume de vers. — Consultations médicales, — Epithélioma. — Lettres de Bex et de Charnex. — Opération subie à Lausanne. — Lettres. — *Je suis oiseau*. — Départ pour le midi. — Lettres d'Hyères. — Rodolphe Rey. — Emmanuel Cahen. — *La Gentillesse*. — *Mireille*. — Mlle Agar. — Retour à Genève. — Tristesse. — *Reverdie*..................... 182

X. M. Eugène Secretan et la *Galerie Suisse*. — Notice sur Mme de Staël. — Concours de traductions en vers. — *Léonore*. — *Les Étrangères*. — Innovations rythmiques. — *La Forêt*, d'Hœlderlin. — Dédicace à M. Ed. Scherer. — *L'Escalade de 1602*. — Son succès. — Centenaire de la bataille de Morat. — *Charles le Téméraire* (romancero). — Publication *des Étrangères*. — Article de M. Scherer dans *Le Temps*. — Œuvres posthumes de Charles Fournel. — Ems. — Lettres. — *Beppa*. — *Rivages de Clarens*....... 212

Pages

XI. Changement de pension. — La maison n° 13. — *Les Méandres.* — Centenaire de J.-J. Rousseau. — Conférences de MM. Bouvier, Hornung, Oltramare, sur les idées religieuses, politiques, pédagogiques de Rousseau. — La caractéristique générale de Rousseau est confiée au professeur Amiel. — Séance universitaire. — Il est retenu à Genève par la maladie d'une parente. — Son portrait au pastel. — Année 1879. — Nouvelle revision des *Méandres.* — Ce titre est abandonné pour celui de *Jour à Jour.* — Agréable été. — *Le Ver luisant.* — *La Bulle de savon.* — Journée à Cartigny. — Les épreuves de *Jour à Jour.* — Notice sur le peintre Hornung. — Lectures. — Impromptus. — La boîte verte. — *Clerc notaire.* — Tours d'adresse. — Conversations. — Ce que Frédéric Amiel pensait de lui-même. — Sa disposition à l'emportement. — Ce qui l'en avait corrigé. — Traductions de Pétœfi. — *Grillon de Mai.*.... 245

XII. Année 1880. — Succès de *Jour à Jour.* — Article de M. Charles Ritter. — Lettres de MM. Ed. Scherer, Ernest Legouvé, Sully Prudhomme, Ernest Renan. — Promenades et excursions. — Malaise au mois d'août. — Villégiature à Clarens. — Visite à Neuchâtel. — Hiver passable. — Banquets d'étudiants. — Spectacle. — Le docteur Binet. — Hypertrophie du cœur. — Journal de santé. — Résignation. — Un dernier impromptu. — La Fée aux fleurs. — L'hymne de Cléanthe. — Mort de Frédéric Amiel le 11 mai 1881. — Sa sépulture à Clarens. — *Aime et reste d'accord.* — Est-ce une vie manquée?........................... 267